一定要告诉孩子的
18堂商业思维课

林明樟　林承勋　著

北京联合出版公司
Beijing United Publishing Co.,Ltd.

If you don't learn to think

when you are young, you may never learn.

——Thomas Alva Edison

如果你年轻时没有学会思考，

也许就永远学不会思考。

——托马斯·爱迪生

推荐序一

1

第一次听说林老师，是在和学生的一次私人聚会上。一位学生推荐我去听林老师的财务课，还没有等到我表态，其他同学就纷纷附议，向我强烈推荐林老师的课程。我当时就很感慨，能在财务圈之外拥有这么多跨界学生已属不易，而一次小型师门聚会就有好几位林老师的忠实拥趸，其比例之高不得不让我对这位素未谋面的名师产生了极大的好奇。

后来，在学生孙雁飞的持续鼓动下，我这个不太主动的人，竟然趁林老师在香港考察期间，非常冒昧地直接约他见面。若干年后，我感谢那个冒昧的约定，让我们有了在香港街头餐厅里短短一个小时的交谈。

席间，林兄谈了很多。事后给我印象最深的，是他谈及的和儿子的相处方式。

为了锻炼儿子（承勋）的意志力，作为父亲的他，会经常带儿子一起骑单车。在酷热的天气下骑行，时间稍长，体力就有极大的消耗。承勋经常会抱怨天气太热，每到此时，林兄都会告诉承勋："太阳不是我能控制的，请继续骑。"

如果碰到大风，承勋抱怨逆风无法骑行，林兄同样充耳不闻，默默地提升速度，告诉承勋："请继续骑，风向也不是我能管的。"

但是，只要承勋向他提出，自己太累了，是否可以休息一下，林兄都会给予及时反馈，立即停下前行的车子，做短暂的休整。

我问：为何要这样处理？

林兄回答：因为我要让儿子知道一个道理，太阳太晒、风太大，这些都不是我可以做主的范围，他可以找老天解决，找我抱怨是没有用的。但是，只要他问我是否可以休息，我就要立即做出反馈，因为这是我可以做主的范围。

听到这里，我突然想起"二战"期间一句著名的祈祷文："神啊，请赐我勇气，去改变我能改变的一切；请赐我勇气，去接受我不能改变的一切；并请赐我智慧，去分辨这两者的不同。"正是这句话，支撑着很多在战争阴影下的生命度过了那段最为艰苦的岁月。

在骑行过程中，林兄其实就是通过这些小小的心理暗示，给了孩子最需要的智慧，教会他怎样去分辨需要接受和需要改变的事项，并在能够改变的范围内积极行动，而在无法改变的范围内停止抱怨。

这正是我最为推崇的教育理念和最为理想的亲子关系。

而林兄的这个故事，成了这段著名祈祷文最好的注解。

2

很幸运，结束了这场短短一个小时充满启发的谈话之后，我们又有了两次深入交流的机会。

一次是在北京，我邀请林兄为大陆著名的法律科技公司 iCourt 全体讲师进行了一次教学艺术的内训。正是这次为期两天的课堂学习，让我明白了林老师受到这么多学生欢迎和崇拜的原因。当林老师在我们面前展现了一幅他们亲手描绘的、长达数米的学员体验地图的时候，我承认，我被震撼到了。

还有一次是在台北。我利用赴台旅游的最后一天，专程拜访了林兄位于桃园的办公地，在他的介绍下，和台湾最为顶尖的几位培训界讲师进行了几个小时深入愉快的交流，并获赠了林兄的本书台版新书。回程的路上，我按捺不住激动的心情，几乎是一口气读完了这本篇幅不大，却充满智慧的小书。

我很喜欢的一位作家曾在 2008 年的汶川地震之后说过一段话："在地震来临之前，我们每个人都在地上拼命地积攒不动产，但在地震来临之后，我们才发现，原来所有不动产，其实都是动产。"面对无常，我们每个人其实都应该去思考我们和财富的关系，以及财富和子女的关系。

林则徐家中曾挂一副对联："子孙若如我，留钱做什么？贤而多财，则损其志；子孙不如我，留钱做什么？愚而多财，益增其过。"我们留给孩子的，应该正如林兄在本书中所言："为孩子的未来创造可能性，培养他们能打世界杯的眼界与能力。"

在这一点上，我和林兄具有高度的共识。我一直主张，对孩子的教育，应该首先在于拓展格局，其次在于熏陶思维，最后才是灌输知识和培养技艺。只有格局和思维的培养，才是对他们最好的馈赠。

比如，与其让孩子从小学背唐诗宋词，不如吟诵老庄、孙子。"大哉圣人之道，洋洋乎！发育万物，峻极于天。优优大哉！礼仪三百，威仪三千，待其人而后行。"未学气象之恢宏，不可学文字之华美。

而在思维训练的理念上，我和林兄更是有着诸多的共鸣，在这本书里可谓比比皆是。比如，第八堂课《用长期与概率的眼光做重大决定》。

我经常和学生说一个道理：如果你在做事情的时候，总是立足于当下控制成本，实际上就是在控制你未来的收益。如果我们可以多花 1000 元租住一座位于市区的房子，为每天的奔波节省下两个小时的时间去培养自己的核心竞争力，哪怕这笔钱可能消耗掉了你所有的储蓄，但是却为你赢得了更加宽广的未来。

人与人的区别不在起点，而在拐点。所谓拐点，其实就是每一个细小的选择。五次不同的选择之后，人生已是天壤之别。而影响选择背后的，就是思维的差异。正是出于对思维的重视，我个人也经常举办决策思维、结构思维等私塾课程。

为自己的抉择增加一个时间维度，用自己未来的收入衡量自己现在重大抉择之中的支出，仅仅是这一个思维方式的转变，就能为我们带来更多的机遇。如果能再为自己的选择增加一个概率的维度，就更能帮助我们在人生选择的关键路口抓住机遇，创造更多的价值。

也许，长期主义加概率意识，就是最为典型的商业思维。承勋何其幸运，在自己如此年少的时候，就能听到父亲娓娓道来的人生智慧。

3

但是，更幸运的是，林兄并没有把商业思维推向极端，而是不断用各种观念、文化和心态去调整它的边界。

比如，"不能贪心地拿走桌上每一分钱"，要善于分享取得的财富。

比如，"钱要花在刀刃上"，不能随意浪费哪怕并不稀缺的资源。

在这一点上，林兄曾当面和我说过让我非常感动的一件事情。因为曾经创业失败，在关键时刻有人为他提供过无私的帮助，因此，林兄在成功之后，也不忘把这份恩情传递出去。所以，专门在自己的学生圈里提供应急借款。他还专门给我看了一位学生在遇到人生困境，得到林老师帮助后充满感恩的文字。

这种不但要接球，也要传球的人生观，才是对商业思维最好的支撑。很多人在年轻的时候都梦想拥有巨大的财富，但是，如果仅仅是对物欲的持续不断的满足，并不能给人带来终极意义上的幸福。真正的自由，并不是家有千金的财富自由，而是在商业思维的指导下，赚取财富的同时，又能依靠正确的金钱观加以平衡的心灵自由。诚如我经常给学生的留言：以积财富之心积学问，以求名利之心求道德。

在林兄和承勋的父子对话中，我看到了一个完整的商业思维的呈现，更看到了一种健康的财富观的传承。

4

每个孩子都是一个天使。

教育，因父之名；而陪伴，却是因爱之名。

我也有一个女儿，在我的生活经历中，有时候不是我在教育她，而是她在教育我。有一次，我带她去书城买书，看到书城里的一句话："其大无外，其小无内。"给她解释字面意思："一个东西大到外面没有东西，一个东西小到里面也没有东西。"

她说:"我懂了,'其大无外',所以最大的是心灵;'其小无内',所以最小的是自私。"

当时的她,只有9岁。

在这样的对话中,我们彼此教育着对方。读林氏父子的对话,我常有此感。

因而也有了冲动,我也会和女儿一起,写一本人生的对话。然后,请林兄也为我们的书,写一篇比以上更为精彩的序言。

中南财经政法大学副教授

香港大学访问学者

"得到"App 签约作者

陈少文

2019 年 9 月 17 日于江城武汉

推荐序二

虽然我在大学辅修课程的时候就学过财务报表，但是真正"点亮"我财报技能树的，是来自海峡对岸的林明樟老师。可能很多人会认为财务报表的数字冷冰冰、枯燥无味、艰涩难懂，但是林老师却有一整套方式让你看到这些数字背后的深刻含义。商业系统错综复杂、反直觉，而财报是很有力的认知武装。林老师能以"四两拨千斤"的方式，让大家低门槛学习掌握这项"重型武器"。

我曾经很好奇，他是如何做到具有如此深入浅出的教研功力，直到看完这本书，我才找到答案。在这本书里，林老师把他自己对商业世界的理解以及几十年摸爬滚打的经验，总结成18堂课，用讲故事的方式讲给自己的孩子听。这些关于为人处世、认识世界的深刻认知，完全不是正襟危坐的宣教，而是用简单直白的话语，融入父与子温情的生活对话中，渗透在家庭幸福生活的氛围里。

通过书中的故事，我看到一位父亲的舐犊情深，而这份情感也同样体现在林老师对教学的投入中。这是一本关于商业常识的书，更是一本关于为人处世的书。

《持续行动》《刻意学习》作者

公众号"持续力"主理人　Scalers

推荐序三

这是一位创造数百亿营收的业务高手、创业家、心怀"共善"的企业家和他的小孩之间价值观交流与内传心法的大揭秘。此书将带您踏入他们两个生命之间真实对话的世界。

林明樟老师引导他的小孩通过观察、思考与结构化的推论,来理解这个充满商业活动的社会与背后支持其运转的理论,启发孩子对企业基本营运原理的独立思考能力,促进正确价值观的发展,这是"赋能"的最佳典范。

"财聚人散,财散人聚。"钱,只是工具。

让孩子树立正确的金钱观,学会善用金钱的价值为更多人创造幸福,也让身边一起打拼的伙伴能过上更好的生活;让孩子明白比钱更重要的,是情谊、患难与共的关系,这些是金钱无法买到的。

大多数的成功来自正确的方向与关键的细节,但是绝大部分人只能学会"依样画葫芦",无法看清"葫芦里卖什么药"!这是一本值得您花时间,与孩子一同探索林明樟老师与他儿子"葫芦"里面商业思维天地的启发之书。

微星科技副总经理　李昭明

推荐序四

首先，感谢 MJ 老师（林明樟先生）盛情邀请我给本书作序。此书从培养孩子的视角，为我们展示商业对孩子培养的一种独特魅力，作为培养孩子财商的必修课，值得细细品味。

本书妙用之一，可以让财商不够的你（家长）不要当"韭菜"（指的是在交易市场中亏本的散户），孩子不要当"韭菜苗"。这 18 堂商业思维课不仅对孩子有用，对没有商业知识的大人用处更大。在我们的传统教育中，人们往往注重智商（学习）的培养，间或是情商，但重视财商的人不多，受过财商训练的人更是凤毛麟角。于是，在交易市场中才会有那么多"韭菜"。要想不成为"韭菜"，必须从娃娃抓起，必须认真上这 18 堂课。

本书妙用之二，让孩子从小就树立正确的金钱观。林则徐说过："子孙若如我，留钱做什么？贤而多财，则损其志；子孙不如我，留钱做什么？愚而多财，益增其过。"但是，留点商业知识也许是非常必要的。书中告诉大家一个事实，这个世界的钱实在太多了，是怎么赚都赚不完的，唯有赚钱的思维是极为稀缺的，本书会告诉你如何引导孩子用正确的思维赚钱。

本书妙用之三，可以成为家庭财商的教科书。人有什么样的认知，就会有什么样的人生。孩子在成长过程中长期积累起来形成的认知，一旦形成将很难被改变。这种认知，在日后会成为他们认知世界的一种工具和一套方法，到那时他们看到的世界，就是由他们的大脑创造出来的世界，而不是世界本身了。人在成长过程中形成的认知，最终会成为对人或事的看法，进而影响人的一生。本书会教你如何在孩子的头脑中植入正确且有用的商业思维，为他们的人生插上翅膀。但愿你的孩子在你的引导下，拥有不一样的精彩人生！

利园国际酒店集团副总裁、上海徐汇旅游饭店协会会长　徐宏

推荐序五

一年前，朋友向我推荐了林老师的财务课程，在这次学习中，我有幸结识了林老师。在课堂上，我被林老师的理论体系和商业思维深深折服。课堂上学到的很多知识，都在之后的一年中，用来指导我在公司的实际运营；也使我深刻理解到，拥有这样的商业思维对于个人和公司都是至关重要的。

这次我又有幸拿到了《一定要告诉孩子的 18 堂商业思维课》的原稿，第一时间彻夜研读，再一次为林老师的学识所折服。

"花更多的钱想出更赚钱的方案"的核心观点"如何通过合理的负债解决经营上的困难"，就是我在公司经营过程中，利用杠杆来加速公司发展的实操；

"成为顶尖人士的三个层次"，也是我们互联网圈内常说的"找风口"，是我作为 CEO 每天思考的，势能在哪里，机会在哪里，努力的方向在哪里；

"不要贪心地想拿走桌上的每一分钱"，现在的创业公司都通过 ESOP（员工期权激励计划）让每个参与者可以分到一杯羹，把蛋糕做大也是现在企业主最基本的素质；

"用长期与概率的眼光做重大决定"，做高概率的事情，做有时间复利的事情，是我们创业多年摸爬滚打跌了无数的坑才学到的道理。

如果早点看林老师的书，你真的可以少走很多弯路。

书里的 18 堂课，每堂课都深入浅出，理论和实践相结合。无论是初入社会的年轻人，还是有创业想法的职场人，都需要认真学习研读，让自己具备真正的商业思维！

Castbox CEO　王小雨

推荐序六

认识 MJ 老师是在他非常经典的财务课上，说实话，当时第一次听就笑疯了，从来不知道枯燥的财务课可以这么有趣。后来在慢慢的接触中发现，老师不仅课讲得好，文章也写得生动有趣，还特别爱好运动，是那种"特别擅长把复杂的事情讲得特别简单的人"。

拿到老师的书稿，立马熬夜拜读，拍大腿地觉得写得好！这本书不仅适合儿子，也适合有女儿的家庭，谁说女子不如男呢？哈哈。

书中图文并茂，利用生活中的小案例，对孩子进行金钱观与商业思维的指导，充满了各种处世哲学与做人智慧，舐犊情深的浓浓父爱跃然纸上。而且书中每一个观点都支撑着一个小故事，通俗易懂。

我们虽然从小到大一直在读书，但真正最缺的就是理财教育。不夸张地说，很多人工作之后都未必懂。如果从小就跟孩子进行商业思维互动，成年之后的孩子真的会少很多"傻眼了"的苦恼，这也是我如此推荐大家购买本书的原因。

我现在特别期待自己可以用书中的方法，陪着我儿子长大，为他绘制一幅充满哲思与商业智慧的蓝图。感谢 MJ 老师在这方面给了我有效的指引。

商业文案讲师、高阶微商操盘手 Loli 猫

推荐序七

特别有幸被 MJ 老师邀请为这本《一定要告诉孩子的 18 堂商业思维课》写推荐序，这本书的繁体版已经在我们的父母学员中广为流传。当我得知这本书的繁体版出版的消息时，就马上推荐给我的父母学员们（还因此为学员赚到一次 MJ 老师直播的机会，当时参与的父母都纷纷说"赚大了"）。消息发出半小时内，100 本从台湾"人肉"带回的书就售罄了，后来的学员都是从淘宝找代购买书。

在我们的父母小组微信群里，我经常看到有学员推荐这本书给那些因为有"熊孩子"乱花钱而烦恼的中学生父母："你读过 MJ 老师的《一定要告诉孩子的 18 堂商业思维课》吗？淘宝有代购，繁体版，如果孩子肯看，孩子直接受益；如果孩子不肯看，我们看明白了，其实对孩子也一样特别好。孩子乱花钱不是孩子的问题，是我们没有教给孩子与钱相处的思维智慧。超级推荐啊！"不知道的还以为这些父母是淘宝代购呢。

我经常跟我的学员父母们分享，课外班主要选好老师，老师对了，教什么都可以学。因此认识 MJ 老师，是有点儿带着"偷学设计课程的技巧"的不纯目的，去上的他的投资理财课程。当时我就在想，如果这位"台湾投资界男神"开青少版投资课程，我要让我的小孩学（那时候小孩才 1 岁）。且不说投资理财是非常重要的人生技能，仅看这么会教的老师，来学一次，就是贵点也是值得的。

那时候我还在想，等我的娃能听懂投资课，老师会不会都退休不教课了呢？倒不是因为他老了，而是他身体好，又有钱，可能带着智慧美貌的夫人满世界去玩耍了。我先生吐槽说：你想得好长远啊。

所以，当我知道 MJ 老师《一定要告诉孩子的 18 堂商业思维课》简体版即将成书的时候，我很开心。因为将有更多人像我一样，可以非常方便地从书里学到如何教未成年的孩子关于投资的观念，打造创业的思维，甚至可以从这本书中学到夫妻关系、家庭氛围塑造的实战技巧。

作为在亲子关系领域里从业了 16 年的专业工作者，关于这本书的"使用方法"，我分享一些小窍门。这样的实战书，如果只是阅读一遍，太过可惜。

首先，这本书可以不用从头读到尾。可以先读目录，觉得有趣的，可能刚好那个话题是我们需要的，就直接翻进去看。换句话说，本书可以作为一本家庭亲子话题的"工具书"：像翻字典一样，你需要哪一段，临时看了，再回头跟孩子分享里面具体的故事或者公式，都是可以的。父母们在打算和孩子讲一些有挑战性的话题，如学习、作业、如何面对错误和欲望之前，是需要做很多准备工作的，准备故事，准备一些谈资吸引孩子关注等。而这本书，就可以作为你手边"实战演练"的工具书之一。

其次，这本书在亲子共读之前，更推荐先夫妻共读。在 MJ 老师讲的家庭故事里，夫妻配合的部分，虽然着墨不多，但真的是非常值得夫妻一起琢磨的。如在"第三堂课"里，为了让哥哥接受"要乐于分享出去"的理念，先是林太太故意爆料爸爸的"黑历史"给儿子，引发儿子"听"的兴趣；然后在夫妻看起来互相"攻击"的时候，很巧妙地共情了孩子的"不想分享"的心理；同时，在爸爸感恩妈妈的桥段里，又给孩子们做了非常好的关于如何感恩、珍惜身边亲人建议的示范。虽然看起来我剧透了很多，但亲自去读那一段，也许您也跟我一样忍不住微笑起来。在欢乐的家庭氛围里教孩子们成长，MJ 老师与夫人一起，实践得非常精彩。

最后，每当我们被孩子打击的时候，每当我们的孩子不听我们讲话的时候，可以记得来看这本书，疗愈自己。在非常多的章节里，MJ 老师都很实在地把"儿子其实并不买账"写了出来。想想看，台湾投资界"男神"，台湾很会"教"的投资大师，在精心准备了对话以后，还会被孩子默默拒绝，我们没那么大的咖位，没那么多说服他人的能力，也遭到了孩子的拒绝，这说明什么？这说明我们的水准已经离 MJ 老师不远了啊！开玩笑……这说明，人类的天性，是主动去获取成长，而"被教育"是个连成熟的成年人都不太喜欢的事情，何况是未成年的孩子们呢？越趋于成熟的人类，越不喜欢"被教育"。

而这本书里，在每一次被孩子拒绝时，MJ 老师作为父亲的宽厚温和，都很值得父母们一品再品。当然，您也可以跟我一样，只是拿来做自我疗愈也可以。"MJ 老师讲了那么多精彩的话，他儿子都有不听的时候，我遇到的状况也没有很差劲嘛……"有没有被疗愈到？

我想提醒在书店里随手拿到这本书的有缘人，一定要看最后面儿子林承勋为老爸作的后记——《儿子的话：站在老爸的肩膀上看世界》。其实 MJ 老师的这 18 堂课，都曾无私分享在网络平台里，但是林承勋这篇非常值得父母读的文章却未曾被分享过。对，如果你不想掏钱，嘿嘿，读完这篇你就不亏了（我猜，这段话 MJ 老师不会介意，但是"编辑大人"可能会给删掉，并建议 MJ 老师"以后不要找这么奇怪的人写推荐序啊"）。

真诚地感谢 MJ 老师分享私房育儿秘籍给全国的父母朋友，也感谢能把我写的文章看到这里的您。希望每一个孩子，都能在父母的引导下，拥有书里教的"无中生有"的创业勇气与智慧。

智慧父母送给孩子的人生厚礼，是强大的思维。

开心妈妈亲子教育中心联合创始人　曹垲鑫

推荐序八

相信很多伙伴和我一样，拥有一个"想要实现财富自由"的梦想清单。我还记得，当时写下这份梦想清单时还认真思考过，何为财富自由？最后发现想要实现梦想，最重要的是掌握我们与财富和金钱之间的关系。

当我第一次接触财商时，才深切意识到，自己以往所有对于财富的定义都来自小时候父母在家庭教育中向我植入的财富观。从小，父母对我说得最多的就是："钱是省出来的，钱这种肮脏的东西，够用就好了。"所以，无论我如何努力，都无法与金钱建立良好的关系。

我们生活在一个商业社会里，养成正确的商业思维和财富观，才能更好地帮助我们去实现人生所有的爱与梦想。可试想，如果我们和财富都无法成为好朋友的话，财富又怎会愿意留在我们身边呢？《一定要告诉孩子的18堂商业思维课》这本书，可以给我们在以往原生家庭中接受的传统观念所给予不了的颠覆性认知。

特别喜欢这本书，它就像我的爸爸，亲切地向我道出那些人生中需要去掌握的道理，让我可以转化出更加富足与通畅的思维通路。因为只有掌握了对的思维，才能在未来社会中发挥自己的才能与天赋，收获属于自己的商业梦想。

中国青年影响力论坛创始人

学习成长型社群"行动派"联合创始人、COO　李婉萍

推荐序九

因为是运动员专业，这些年通过击剑运动，我们的团队培育出不少青少年击剑的全国或世界冠军选手。

在击剑领域接触的孩子们，家境通常较为富裕，但我发现家长们在儿童教育上过于呵护，不经意地剥夺了小孩子勇于尝试的胆识或面对问题时解决的能力。这些年来，教的很多学生，从小处在家长的过度保护中，因为缺乏试错的机会，我看到不少男孩或女孩在成长过程中，表现出胆子过小，在公共场合中没有信心、无法完整表达或呈现自我的怪异现象。

身为一个小男孩的父亲，同时也是击剑教练的我，教育方式特别重视学员的独立思考能力与面对挫折或失败后爬起来的意志力等综合能力的建立。因为小朋友总有一天要独自到世界的舞台上闯荡，身为长辈的我们不可能天天陪着他们。

身为父母的人都想帮小朋友排除所有可能面临的挑战，提前预知风险，让小朋友在无风险状态下成长。这种好意，反而剥夺了小朋友自我体验与试验的成长经验。

真正的教育，应该是家长在保障小孩人身安全的前提下，学会放手，让小朋友感知真实世界的各种可能，让他们去体验、尝试、感知自己可能害怕的恐惧点，让小朋友自己在失败中学会总结的能力。这种自我成长总结的学习能力，是我们家长无法给予的，这也是小朋友日后面对真实社会的真正竞争力所在。

一直以来，我都是抱着以"成人的方式"与小朋友沟通，学着放手让他去尝试。即使他们面对恐惧也没有关系，在这一过程中我需要做的是带领着他们找到一些方法去面对它、解决它，只要适时地引导，他们就会自己找出自己的恐惧点。

未来社会不缺人才、不缺资源，缺的是具备社会竞争力的精益求精心态，缺的是把自己喜欢的项目做到极致的职业精神。

欣闻带领我进入财报分析领域的 MJ 老师《一定要告诉孩子的 18 堂商业思维课》即将出版，我非常期待，这本书其实也是他与孩子日常的心路历程。他的教育理念亦是将自己的孩子当做成人来对待，亦师亦友地沟通着自己想要分享给孩子的商业思维。同时，让自己的孩子在不断的试错中，建立敢于尝试与挑战的人生态度，引导他找出自己专长，在生活百态中体验生活，活出自己想要的精彩人生。

我与 MJ 老师来自完全不同的专长领域，对小朋友的教育理念却不谋而合，期待这本书除了让您看到亲子教育的另一种可能，还能让您在书中找到适合与小朋友沟通的方式。这本书，诚挚地推荐给身为家长的您。

R.Fencing（皇家国际击剑俱乐部）创始人

世界青年击剑锦标赛冠军　任磊

目录　CONTENTS

给孩子的第一堂
商业思维课

花更多的钱想出
更赚钱的方案

◇ 当我们经营遇到困境时，先想想别人会怎么做

◇ 适当的负债可以帮助我们打破经营困境

没想到这么努力兼具正道与孝道的严凯泰先生，54 岁就离开了。人生，是明天先到，还是意外先来？没有人知道！只能好好珍惜每一天。

原本打算花几年的时间，写下我和儿子在日常生活中看到的个案，希望通过一个个他亲眼见过的真实案例，慢慢地为自己的儿子奠定一些商业思维（供需、价值、交换、布局与生存等技能）。因为严

先生的突然离世，加上现在有空，我就想赶快把它写出来，希望日后对他有些帮助。

这些思维不一定能帮他变成大富大贵，但应该能帮他的未来创造更多可能性。

好了，今天来分享摩托车店老板的故事。这几个月为了接送儿子上下学，天天往返于台北与桃园之间，父子俩一天多了两个小时独处

的男人时间，虽然多数时间里儿子都处在半梦半醒间……

每天路上，我们都会经过一家摩托车店，连续看了三个月后，我问儿子："你有没有注意到这家摩托车店的老板，每天和我们一样，不到七点就开门营业了，但没有开灯。"

晚上九点我们经过时，他还在营业，但店面只留了几个昏暗的灯泡。

儿子回答："对哦，真的唉。"然后他看了看那家店的对面，有另一家摩托车店灯火明亮，店面停了两台还在修理的车子。

我问："你猜猜看，那家昏暗的摩托车店的老板这么努力，一个月可以有多少收入？"

儿子答不出来。

我引导儿子思考："你觉得他一天能接几张修车的订单（客人）？"

儿子回答说:"一天至少五个吧!"

我回:"不太可能吧!你想想,那种环境,你们年轻人会去那里修摩托车吗?"

儿子傻笑不语。

我猜,那家店一天可能不超过两个客人,因为店面环境实在是落后整个市场同业至少十年。除非是老客户,或是爆胎推车推很久、一

身大汗的路人刚好经过,不然不会有任何新客户。

我问:"你猜猜看,如果这样,这家店的老板一个月能赚多少钱?"

儿子想了想:"应该有几万元[1]吧。"

我说:"做生意要用脑用心去思考。"

---

1 此处"元"为新台币,下同。1 人民币 =4.5355 新台币(2019 年 5 月 13 日汇率)。

刚才不是说，这家老板一天可能只有 2 位客人，一个月爆肝[1]不休息连续工作 30 天，共有 30×2=60 位客人。一般的客人都是进来做换机油、轮胎、刹车皮与大灯或方向灯灯泡这种简单的维修，收费只有几百元，毛利平均应该只有 200 元 / 位客人。

我问："儿子请你算一下，这家老板一个月可以赚多少钱？"

儿子："60 位客人，每位只赚 200 元，6×2=12……共 12000 元。"

儿子突然惊醒。"哇！居然比 22K[2] 还要少！"

1　爆肝：最初为游戏玩家的一种俚语，表示为完成游戏内通常有的烦琐、重复、有时限的任务或者活动时，很多玩家为了完成任务，通宵完成这一目标。在中医医理论里，有"熬夜伤肝"一说，后来玩家们夸大这种行为会把肝"爆掉"，因此游戏玩家戏称"爆肝"。

2　K，即千（thousand）。

我说："对啊，这么认真却赚不到钱养家糊口，那一般摩托车店的老板会怎么做？"

儿子回应："应该会开始裁员，先把修车的学徒开除，同时想办法省钱。把原本天天会清洗地板的水费省下来；电灯本来全开后来只开一半，然后换成灯泡，白天可能就不开灯……"然后，他突然回神对我说："难怪老板白天不想开灯，晚上只留几个灯泡。"

花更多的钱！
想出更赚钱的方案！

听到儿子的回答，我内心很高兴，于是顺便分享我个人的看法：

当我们经营遇到困境时先想想别人会怎么做，然后告诉自己："绝对不要这样做。"

为什么呢？因为群众是盲目的。

大家都这样做，你也跟着做，就没有差异。没有差异的做法，就无法带你离开困境。

儿子问："那该怎么做？"

我说："花更多的钱，想出更赚钱的方案。"

儿子问："怎么可能！我就已经没钱了，怎么可能再花更多的钱？"

我回："因为控制成本与费用，再怎么厉害，最多只能控制到接近于零，因为成本与费用一定会大于零。"

成本管控过当，就会变成偷工减料的黑店，年轻人超聪明，一下

就传开了。费用管控过当，就会变成一人公司与昏暗的摩托车店。

这条路一直走下去，你觉得走得远吗？

儿子回应："对哦，这样好像走不远，一样会倒闭，而且到最后只会愈来愈惨。"

我说："嗯。做生意哪有零负债的事？你至少要有给进货供应商的应付账款，房租水电等每月应付的费用，跟亲友银行借的应付款……

所以不要太害怕借钱做生意这件事。"

儿子回应:"对哦。原来开一家店要这么多钱,原来做生意有那么多负债。"

我回:"负债只要控制得好,好好善用它,帮我们带来收入,那就是好的负债。如果负债的风险在可控的范围内,**适当的负债可以帮助我们打破经营困境。**"

儿子问:"怎么可能?"

我回:"当然可能。"

例如:再向亲友或银行借 50 万元,做几件事:

1. 铺设亮面的防水地面漆(让人家觉得你很专业)。

2. 把灯管全部换新(明亮让人想进来)。

3. 把所有工具定位在墙面上(物有定位,让人觉得更专业)。

4.帮机油、轮胎、刹车皮搞一个DM（商品广告彩页），好好分析谁好谁坏，然后出两个方案：最便宜的，以及最有品质的，两种就好。让客户自己选，客户会觉得你超有同理心，预算高低两种客户你都能服务到。

5.装一组升高机，让车子维修更方便。

6.搞一个高脚咖啡桌，让客户喝杯咖啡等你维修。将每个重要、要更换的零件放在另一张桌上，让客户自己决定要用商品广告彩页上

的哪个方案（便宜的、有品质的）。

7.遇到三年以上的老车，请你全部建议"便宜的"，然后跟客户说："车子比较旧了，不要乱花大钱换太好的零件，够用就好。"然后你就会有口碑。

8.搞一件看起来很厉害的夜市版赛车服，然后去学校附近找人绣上"OO摩托车专业维修机组人员"。

9. 弄一张 A4 材料清单，请客户确认签名后再收钱。

10. 买个 5000 元的高压冲水机，在客户离开时说："我看你的车子有点灰，我帮你冲一下。"

11. 临走时，给客户一张集点卡，送全车打蜡或是其他劳力型的附加价值，反正老板空等的时间很多。

就这样，花更多的钱想出更赚钱的方案，这家店的生意应该就会

起死回生，前提是老板的维修技术要有一定的水平。

我问儿子这样要花多少钱？他低头细算：

1. 应该要五万元

2. 应该只要一万元

3. 应该只要一万元以内

4. 不用钱，只要用心

7. 不用钱，只要动动口

8. 两千元应该足够

9. 不太需要钱

10. 五千元

5. 应该要花五万元　　　　　　　11. 不用钱，只需要时间投入

6. 可能要花一万元，因为还要有咖啡机

这十一项相加大约十五万元，就可能让店家起死回生。

反应很快的儿子回问我："看起来方向是对的，成功概率也很高，我应该也会去那里修理摩托车了。但是，为什么没有人这样做呢？为

什么大家都是把摩托车店愈开愈暗（不开灯）呢？"

我回："因为跟着别人做比较容易，自己动脑很辛苦，所以每个行业大家都是抄来抄去，很久才会出现一个厉害的高手，因为那位高手可能是少数动脑经营自己事业的创业家。"

我问儿子："还想创业吗？"

他回："唉……看来很麻烦啊，我再想想好了。"

哈哈哈……

成为顶尖人士的
三个层次

◇ 一针顶天，非你莫属

◇ 细分垄断

◇ "微观"学手感，"中观"建套路，"宏观"看趋势

昨天和儿子一起开车回家，副驾驶座上有一沓散落的资料，是"梁宁产品 30 讲"的逐字稿影印本。

儿子好奇地问："这是什么文章？"

我回答："这是一个很牛的大陆人写的文章，内容很棒，作者是雷军口中的北京中关村才女哟。"

一路上，我分享了自己看到梁宁老师文章后的启发，我讲得很快

乐⋯⋯谈着谈着，我瞄到儿子听得有点无趣，于是话锋一转，聊到儿子未来的梦想。

他回答说："我可能会想从事运动事业。"

然后儿子分享说，他觉得如果要推出一个运动产品，应该先专注一项做到顶尖，之后再开发另外一项产品，这样才比较有机会成功。因为他观察到许多自行车小厂或新创小品牌，一次开发了太多产品，

结果样样做样样松，产品都一般般，没有太大特色。

他们这群爱骑自行车的朋友，看完后都没有信心去买。因为儿子的零用钱有限，用钱要精打细算，把钱花在值得升级的配备上。

我回应："对！对！对！一定要先做到**一针顶天**，**非你莫属**，才会有口碑，这样比较容易成功。"

随后儿子举例了耐克前一阵子新推出的自行车卡踏鞋，在他这群

车友之间的看法……

儿子分享完他的看法后，我心里很高兴，因为他好像已经懂得**细分垄断，先求生存，再求发展**的企业营运策略。

这小子真的对商业有点小小天分。

接着，我请儿子翻开"梁宁产品30讲"的第28讲，与他分享："其实你也可以套用里面的做法哟，这样就有可能打造你自己梦想的

运动人生。"

■ **成为顶尖人士的三个层次**

"微观"学手感（成为天才的一万小时）

"中观"建套路（方法、步骤、流程）

"宏观"看趋势（点、线、面、体）

成为超级业务（和儿子分享我的业务经历）

● **"微观"学手感：** 您曾打过电话或是陌生拜访，被人拒绝 1000 次以上的经历吗？为什么口气那么差的客户，后来变成大客户？为什么那么客气的人，后来变成很劣质的客户？这么多客户之中，哪些是询价、议价、比价的人？哪些是来偷技术的人？哪些是来谈案子的人？您现在的销售手感在哪个层度？Pipeline Phase[1]1、2、3、4……

● **"中观"建套路：** 公司与前辈教的方法、步骤或流程，真的可以强化或优化微观中的手感吗？还是您只是不断重复业界前辈习以为常的销售手法——参展、广告、SEO[2]、转介、新产品发布会、科技博客、Seminar、Press Release、Roadshow？[3]

● **"宏观"看趋势：** 您看到自己所属行业的点、线、面、体需

求的变化了吗？

1　Pipeline Phase，即筹备阶段。

2　SEO，即搜索引擎优化（Search Engine Optimization）。

3　Seminar，即研讨会；Press Release，即新闻通稿；Roadshow，即路演。

成为超级讲师（和儿子分享我目前的工作经历）

● **"微观"学手感：** 您练过一万小时吗？您看得出学员的学习状况吗？客户（学员）目前学习的成效在哪个层次？了解、掌握、活用了吗？

● **"中观"建套路：** 您有方法、步骤或流程，可以强化或优化微观中的手感吗？

优化后，能不能从了解层面，升级到掌握层面，甚至进化到活用层面？该怎么做？

● **"宏观"看趋势：** 您看到教育培训行业的点、线、面、体的发展趋势了吗？

为什么会转到那里去？真的吗？还是您看文章学来的？

中观的套路，只能成"熟手"（某个技能的）。

微观的手感，才能变"高手"（某个职位的）。

宏观的趋势，才能变"杀手"（某个产业的）。

成为超级医疗人员（和儿子分享我未来的规划之一）

● **"微观"学手感：** 您练过一万个病患个案了吗？

每一科的医学准确率，目前无法达到多少百分比？类似的病例为何后来变化不一样？您当时看出其他科别的某项原因可能对病患的影响了吗？您现在的医术在哪个层级？对病患了解、单科掌握、跨科活用了吗？

● **"中观"建套路：** 学校与医院学的方法、步骤或流程，可以强化或优化微观中的手感吗？还是您只是不断重复 R1[1] 到 PGY[2] 这几年学到的手法？

● **"宏观"看趋势：**您能看出病患、客户在这个行业中，对医师的点、线、面、体等不同层次的需求吗？多数医师只看到医保的低价问题、奥客[3] 病患越来越多、医疗行为被告风险越来越大，您看到什么新的趋势了吗？

分享完后，我回头问儿子，如果想要成为超级运动家，

● **"微观"学手感：**你自己应该怎么做？

---

1 R1，即预防医学、卫生学。

2 PGY，即毕业后一般医学训练。

3 奥客，闽南话，多指很难伺候的客人。

● **"中观" 建套路**：你可以向谁学？

● **"宏观" 看趋势**：除了自行车零件与各国车手的故事，你都能如数家珍外，你如何培养自己的宏观视角，才不会变得自 high[1] ？

儿子长思不语，应该觉得他老爸很无趣，怎么这么快就导入、活用到他的身上，哈哈哈……

快到家时，我问："那我安排你去捷安特打工，要不要？"

儿子立马回应："好啊，好啊！"

---

1 自 high，是一种网络语言，原意有自我陶醉、自我欣赏的意思，带有兴奋、自恋、自娱自乐的味道。

不要贪心地
想拿走桌上的
每一分钱

◇ 财聚人散，财散人聚

◇ 把钱放进口袋后，要拿出来分享真的超级困难

◇ 包少不如不要包，这根本是反激励

为了陪儿子，爱漂亮的女儿常常二话不说，很义气地陪着我们上山下海玩潜水、露营、铁人三项、骑单车，晒得变成小黑美人。儿子则觉得这小妞老是缠着他让他觉得很心烦。我们大人看在眼里，对女儿特别心疼，于是在难得的空档期间请老婆安排两天一夜的游乐园行程，这次轮到我们全家陪着女儿玩乐。

在前往游乐园的车程中，天南地北聊着。

在某个话题中，老婆突然说了一句话："对啊，我们读书一定要读出自己的气度，不能像你老爸一样越读越没气度！"

我说："怎么了？我开着车也会'中枪'！"

于是，老婆和儿子分享了当时我在企业界当业务主管的故事。话说2002年，我负责的德国市场一年营收大约只有几亿元，后来我这么搞、那么搞又这么搞，于是拿到一张公司多年来一直拿不下来的近

50亿元的大订单。故事很长，简单地说就是我很厉害的意思，哈哈哈……

老婆说："在案子结案后，总经理把你老爸叫去总经理办公室，然后包了一大包的现金红包给他，这是你爸爸第一次拿到这么大笔的额外奖金。你老爸立马跑到另外一个小会议室，打电话跟我说：'哇！我拿到很大一笔的奖金哟！'说完后，又说整个专案过程中他的团队也

很辛苦，他想包个红包给自己的团队。我回应：'当然好啊，自己的团队当然要好好照顾。'"

然后老婆转身问后座的儿子："你猜猜看，你老爸想包多少钱给自己的三人团队？"

儿子说："应该会有几万元吧？"

老婆不以为然地说："是 3 —— 0 —— 0 —— 0 元。"

然后老婆噼里啪啦跟儿子说了一堆,重点摘要就是:居然包这么少,那干脆就不要包;如果我是你的员工,我一定不会真心跟你这种抠门的主管(眼神中散发着面包的屑屑)!

因为这不是激励,根本就是反激励!

儿子帮腔说:"对啊,真的好小气。"

我沉稳地回答:"这就是为什么大陆作家韩寒有句名言,'读了这

么多书,依然过不好这一生。'"

他们异口同声地说:"干吗突然接这句话,怪怪的!"

我回:"我这辈子打算翻转我们家族连续几代贫困的宿命,从大学开始,爸爸发现做生意最容易跳脱贫困的处境,所以有意识地去研究商业相关知识,只要跟商业有关的任何主题我都刻意学习。

"从大学起,我就一直读《经济日报》《工商日报》与各种财经

杂志，因为爸爸在毕业时就决定，要自己创建一家百亿元以上的上市公司。

"我认真打拼才做到不错的成绩，拿了一笔意外的奖金。爸爸也知道一定要照顾好自己的团队，才有自己的班底可以打江山。

"但是，**当你把钱放进口袋后，要拿出来分享真的超级困难啊。**

"把自己的奖金分给工作伙伴真的超级难，注意哟：爸爸不是真

正付薪水给他们的老板哟，我只是公司托我管理他们的小主管啊，爸爸也是领薪水的那个人啊。所以我才会说：读了这么多书，依然过不好这一生。"

老婆又在旁边魔音穿脑："是不是？你老爸读书真是越读越没气度！"

身为专业商务人士的男人，我们不会与女人正面冲突！

话锋一转，我问儿子："你知道我后来发了多少钱出去吗？用百分比来猜就可以了。"

儿子回："10%。"

我回："20%！不过正确百分数我也忘了（老婆说好像是30%~40%），这应该也是破纪录了。职场上应该很少有非老板的主管会拿出自己 20% 的个人奖金，再发给自己的部属，而且爸爸和妈妈那

时候的经济状况还不是很理想啊。"

接着，我说："你看，成功的男人背后一定有一个伟大的女人，就像你老妈一样（后面一句是虚构的），以后找老婆要找这种的哟。"

儿子使出惯用伎俩：傻笑不语。

这招真好用。

自 2002 年后，我被老婆打开了金钱的魔咒，心胸大了一点。后

来自己创业多次，当了小公司的老板，我们给员工的薪水都比同业多很多，加薪通常都是以五千、一万为单位，同事的年薪破百万也轻而易举。给学员的教具投入，都是破天荒地高；我很有纪念性质的数万元真皮包包，送给了值得传承的学员；我收藏的四朵美国队长香菇（巨型灵芝），也送给了和我们没有关系但值得帮助的学员或友人；免费帮朋友商务上的大小事，都不收钱……这一切的一切，在外人看起

金钱魔咒

来都是呆呆笨笨的，或是以为我们沽名钓誉。

其实，爸爸和妈妈只是看破了金钱的魔咒。

钱，只是工具，一种可能可以创造幸福的工具，是用来让自己与身边一起打拼的伙伴能过上更好生活的工具。

我很认真地说了自己在商业传记中学到的智慧：

财聚人散，财散人聚。

我讲了这么大段有智慧的话，于是从后视镜注视着儿子的眼睛，很好奇地想看看，儿子是否从中体悟出什么人生大道理？

结果是……

儿子的眼神中充满着睡意 XD[1]！

我接着说："因为这些看起来很笨的散财行为，你猜爸爸这十多年来发生了什么事？"

财聚人散，财散人聚

儿子回："不知道。"

于是我列了几个意外的惊喜：

---

1 XD，是一种网络用语，在不同场合有不同含义，意为不说脏话而表示愤怒，也可以解释为"兄弟"。

● 多了很多不贪钱、值得信任的好兄弟，这群人能陪你一起走过人生高低潮，无价！

● 多了一组天塌下来都会跟着你打江山的两岸三地团队，无价！

● 多了一堆学员好朋友，能随时帮你一把、介绍更多牛人一起合作，无价！

● 多了很多原本想都想不到的北京机会、新加坡机会、美国机会与其他各国机会，无价！

● 多了很多上市柜老板学员的邀请，邀请爸爸当他们家的董事或独立监察人，无价！被信任，很爽！

所以爸爸才说：财聚人散，财散人聚。

就跟妈妈说的一样：读书要读出自己的气度，不要越读越小心眼，越读越困在历史事件的观点。

游乐园行程几天后，晚间与儿子在河堤散步，聊着聊着又回到上面的话题。

当天我和儿子说："能力决定你的生存，视野与气度决定你的高度。"

儿子说："听不太懂！"

我说："如果你的人生不想做什么大事也行，爸妈都会尊重你。但你一定要学会一项技能，非你不可的技能，这技能是可以让你日后有机会生存下去的一种能力。另一方面，如果你日后想做些自己梦想的大事，那么现在就要练习视野与气度，不要发生爸爸之前的 3000 元奖金事件。"

我也顺便念叨儿子一下，要他对自己的妹妹好一点，这是做兄长的气度啊，哈哈哈……

　　风大了，准备回家的散步途中，我又向儿子提了一个有趣的报道：全球各国亿万元乐透的得奖者，根据国外调查统计，大约有七成破产，又回到一无所有的阶段。我问儿子知不知道是为什么。

　　儿子回："因为他们乱花钱！"

　　我说："不是！是因为视野与气度！"

　　儿子说："老爸，你是不是乱扯啊？"

　　我回："如果现在天上突然下了十吨黄金雨，只要接得起来都是你的。

　　"如果你是一个不锈钢杯子，你就拥有杯子大小的财富；

　　"如果你是一个脸盆，你就拥有脸盆大小的财富；

　　"如果你是一个水桶？你是一条河？你是一片海？

"你的财富等级将完全不一样。

"所以，你的视野与气度决定你的高度。

"然后要像爸爸一样，**不要贪心地想拿走桌上的每一分钱**，因为世上的钱是永远赚不完的，留一点给别人吧，财散人聚！

"等你想赚钱，再回来问我，我教你顶级正派的销售技巧。不过，我现在不想教你……"

儿子又是一副万用招数：傻笑不语。

快到家时，儿子说："爸爸，如果我真的中了 1 亿元，我会拿 3000 万元先去存银行定期（保本），再拿 7000 万去创业或投资或做些公益……你觉得怎么样？"

我回："风大了，回家吧，别做梦了。"

给孩子的第四堂

商业思维课

人生的可控与不可控

◇ 不可控的因素,要练习用美丽的心情接受它

◇ 做自己可控的部分,把自己变强

◇ 厉害的人都是一直默默做事

儿子成长过程中，有时会为了某些事情抱怨我们没有提醒他，或是因为某种原因造成表现失常等；类似的事情，我们自己年纪小的时候也不断发生。我们苦口婆心地引导，但不知什么原因，儿子还是无法学会我们想分享给他的经验。

我猜可能他内心会觉得：这是别人的问题，这是环境的问题。

为了协助他解决"找借口"这个所有人成长过程中都会面临的坏

习惯，在 2016 年暑假期间，我们请身边的几位好友帮忙安排他最喜欢的活动：自行车制造厂的参访活动。

等一切都安排好，某天晚上，在晚餐时，我们夫妻俩问儿子：要不要和爸爸一起去台中看看自行车的制造过程？来回 400 公里左右，我们父子俩要不要挑战看看，一路骑自行车过去？

儿子兴奋地接受了。呵呵呵，果然——"投其所好"是最好的沟通方法之一。

几天后，父子俩轻装出发。我们选的路线是山线，从中和往三峡与石门水库方向，先到新竹再转进海线前进至台中。一路上有很多大上坡，这对当时尚未有长途骑行经验的儿子而言是一种耐力考验，不过我觉得年轻人应该没问题。

出发后，儿子一开始还会说说笑笑，后来就变成了苦瓜脸，接

着整路抱怨："为什么路这么陡？""为什么当初造路的时候不弄平一点？"

我说："这不是我能控制的，继续骑。而且你换个角度想想看，我们现在去台中，爬坡爬得很辛苦，等后天回程的时候，就会变成下坡，然后我们就会滑得很快乐哟。"

儿子点头示意了解，但低着头，带着不愉快的心情慢慢往上骑。

没多久，儿子说："为什么太阳这么大，一直流汗怎么骑？"

我说："请继续骑，因为太阳不是我能控制的。"

骑着骑着，儿子又说："风这么大，一直逆风怎么骑？"

我说："请继续骑，因为风向也不是我管的。"

大约一个多小时后，儿子说："好累啊，骑不动了。"

我说："好，那我们休息！休息这件事我们能控制，你想休息，我

们就休息，没关系。"

到了台中后，隔天由友人领着儿子，一起拜访了台中几家知名的自行车元件厂。当天的儿子就像个海绵宝宝一样，整天都带着笑容和兴奋的心情，不断询问各种问题，向专家前辈们了解更多的自行车各

式零件制造 know-how[1]。

感恩好友 Calvin 与钟老板的热情安排，特地花了一整天陪我们父子俩；感恩车架大厂野宝的李总经理与叶经理当天的热情招待，以及自创品牌 XERO（鑫元鸿）的游董事长父女亲自接待了这次的工厂参观行程。

这次参访行程，儿子亲眼看到了这几家公司 20 多年来持续专注

本业，不断自我要求精进，最后成为行业中的隐形冠军。

活动结束后，我对儿子说："你看，如果要变强必须一步一步来，并且持续精进才能达到别人到不了的高度与境界。""**成功没有捷径，**

1　know-how，即诀窍、实际知识、专门技能。

都是点滴持续地努力。 如果你想在一个领域变强，那就学学这些前辈的做法哟。"

儿子只用"嗯嗯"回应我，一副很心急想回酒店休息的语气。年轻人总是觉得老人家爱碎碎念，呵呵呵。

经过一晚休息，终于要起程回家。来的时候遇到很多逆风，父子俩很得意地讨论着，待会儿回程的一路上应该都是顺风了，Yeah！

结果，"幸运"的我们居然又遇到风沙四起的逆风天。一路从台中骑到新竹这一百多公里的路程，儿子开始有点受不了了，整个人呈现半放弃状态。

好不容易坚持了八个小时抵达新竹，我找了家不错的餐厅让儿子好好补一补，也开启了父子俩的饭桌对话。

我问："这趟旅程你学到什么？"

儿子回："那些厉害的人好像都是一直默默地在做事，做着做着就会变强。我以后也想变强。"

我回："很棒啊。爸爸真是替你高兴。还有吗？"

儿子："对了，爸爸，你以后可不可以不要安排这种难骑的路线？"

我回："怎么又怪到我头上了啊……你有没有发现，其实不管做

什么事，都有两种因素影响着我们：一个是'可控'的，另一个是'不可控'的。

"例如，第一天你一路上一直念的上坡路、大太阳、瞬间的大风，还有今天的逆风和风沙弄得我们眼睛很不舒服……这些都是不可控的。

"因为它是无法改变的、不可控的，我们念它再多次也无法改变

现况。那就要试着接受它，而且要练习用较好的心情去接受它，然后就可以放下这些不可控了。"

儿子问："什么意思？我不是很明白。"

我回："你有没有发现，我们来的时候有一段公墓旁的大上坡，又长又陡，当时我们俩感觉不知道要骑多久才能骑上去，对吗？后来我们选择一口气一口气慢慢换，把变速调轻，然后低着头一步一步往上

踩，结果还是骑到山顶了，是不是？现在回想起来，当时我们感觉很难搞定的大上坡也还好，只要花点时间，一样搞得定，对吗？"

儿子回："嗯嗯嗯。"

我接着说："人生中有很多不可控因素，要试着接受它的不完美，你才能放下心魔往前走。例如，爸爸出身在贫穷的家族中，你看到过我在你面前抱怨这件事吗？"

儿子回:"没有。"

这是因为我抱怨也没有用,它是不可控的。所以我只专注我能控制的因素:一步一个脚印地把自己变强变厉害。经过 20 多年的努力,现在任何事情交给我,我们团队一出手,至少都能有业界平均以上的水准,就是这个道理。我们全力以赴,**先控制可控的部分,不可控的部分就随缘**,或等自己实力更强大时再去改变它。不要让不可控的因

素困住你。

爸爸真心希望你学会这两个观念:

1. 暂时不要花时间抱怨不可控的事情,试着先接受它。

2. 先做自己可控的部分,把自己变强。变强后,就会有影响力;有了影响力之后,我们再去改变之前的那些"不可控"问题。

将来，你进入社会后，会遇到很多不友善的同事、偏心的老板、冷漠的公司文化或制度等不一而足的大小问题，这些都是不可控的。然后试着在这些不完美的环境下，用心打造出自己很强的可控能力——你的专业能力、应对进退的能力、团队合作的能力、资源整合能力等。在一家公司，至少要工作两年才离开，因为这代表了你能扛得住这些乱七八糟的不可控，以后的格局会大一点。

儿子回："好的，我知道了。对了，那能不能在大公司里面装呆就好？"

我用白话文解释儿子的这句话：管他可控不可控，我把自己弄得呆呆的，然后安全地在公司里面存活，不就得了？

我回："不行啊，这是在摆烂[1]，根本培养不出'你想变强'的能力。不过你想这样过一生也可以，反正那是你的人生。我教你的，你自己看看要不要拿出来用，It's up to you[2]。"

然后我切换到英文频道，顺便让儿子练一下英文……

1　摆烂，指事情已经无法向好的方向发展，于是就干脆不再采取措施加以控制，任由其往坏的方向继续发展下去。常常被用于形容 NBA 篮球联赛中为了获得更好的选秀权故意输球的行为。

2　It's up to you，这取决于你，由你决定。

给孩子的第五堂
商业思维课

有目标意识地
活出希望的自己

◇ 瞄准月亮，至少可以射中老鹰

◇ 目标意识就是方向意识，藏在你心中的人生方向

◇ 目标意识带给你的专注力量

这几年，我们家到了年底都会聊聊家中未来想发展的方向，聊着聊着就聊到大学毕业后这二十多年来，同学们的发展状况。大学毕业后，我们家应该是参加所有同学婚宴场次最多的一组同学。只要我们人在台湾，而且时间允许，基本上都会参加，印象中至少参加了二十几场。全系同学的联系电话，老婆都会协助更新通讯录等资料，呵呵呵。

有一天，老婆对儿子说："其实爸爸妈妈当年在大学同学之中，不

是特别聪明的那种，家族中也没有什么资源，做人也不是那么八面玲珑，更没有人教我们后来在职场发展中非常有助益的商业思维与见识。加上这些年，你爸爸为了圆梦出去创业多次，烧掉很多钱，欠了供应商不少货款，造成家中出现多年财务危机，只好再次打拼。二十多年过去，结果发现，我们家的发展得还可以。"

我接着问儿子："你在我们身边十多年，看着家中的发展，你觉得

可能是什么原因？"

　　儿子回应："我猜应该是人脉，因为爸爸有很多很厉害又很富有的人脉圈子。"

　　我回："应该不是。因为人脉只是帮助我们更成功的因素。每个人职场的第一次成功，很少是通过人脉的，应该是先通过'已经变强的自己'。"

　　"因为，如果我们自己不够强，我们的风评或信用不好，再多的

人脉都派不上用场。这些高手这么聪明，他们通常不会出手帮助一些黑心无道德或是没有信用的朋友，因为这些高手每次出手相助，都是在消耗自己多年建立的信用。就像爸爸妈妈常常很热情地帮助朋友或是学生，但如果这个人风评或信用很差，又来向我们求救，因为不忍心，我们还是会出手，但爸爸就不敢介绍真正的好资源给他，帮忙只会点到为止。过多的帮忙，反而会因为对方的无信用与滥用你的人脉

资源，最后伤到自己。"

我顺便借机教育儿子："互相帮助是人生中很好的美德，但要**行有余力再出手帮助别人**。人品太差的人，我们出手协助只能点到为止。"

儿子回："嗯，我知道了。"

我再问："你觉得爸爸妈妈和身边朋友发展最大的差异，可能在哪里？"

儿子回："能力？"

我回："好像也不是。我跟你妈妈多次聊天后，发现自己与身边朋友的最大差异在于：目标意识。这种目标意识不是那种你要赚多少钱的目标，而是隐隐约约的方向感。**这种'目标意识'的方向感**，最后带我们走到现在我们所在的人生阶段。"

"例如你妈妈的目标意识和自我纪律超级强啊。大学期间，你妈妈为了确保出社会时能有一笔紧急预备金，这样以后就可以不再依赖家人或朋友，她大学四年期间每月省吃俭用，大学打工的微薄薪资也按比例存款，毕业时，你妈妈居然存了 10 多万元。"

"再如你爸爸为了想成为一个成功的企业家（我只有一个很明确的方向感，具体怎么做我也不知道），连续研究了 20 年以上的各种商业知识；在大公司上班期间自己又花了很多钱，到处听名人名师演讲

或去上一些专业课程。为了透彻地了解财经知识，爸爸连续研究了 25 年以上，到现在虽然没有成为成功的企业家，至少变成了一个能在没资源的情况下，空手打下江山存活的创业家。某种程度上来讲，就像宪哥阿北[1] 说的：瞄准月亮，至少射中老鹰。这是一样的逻辑。"

1　阿北，是闽南语中本地人对外地人的一种统称。

我问儿子："为了我自己的目标意识，我需要大量阅读，但你看到爸爸有时间读书吗？"

儿子回："没有，因为爸爸超级忙，连吃饭都很快。"

我回："嗯嗯，爸爸不会因为忙，就给自己找借口，因为目标是自己给的，别人帮不上忙。如果我自己都不愿意为自己的目标全力以赴，谁会帮我全力以赴？"

此时，我心里的自 high OS[1] 是：这位老爸怎么感觉有点智慧啊！

"为了自己的人生目标，爸爸确实时间不太够用，所以只能善用零碎的时间读书来增进自己的商业思维，例如在上厕所时争取 10 分钟，等车时争取 5 分钟，等飞机时争取 50 分钟，等朋友时争取 10 分

1　OS，即 overlapping sound，内心独白。

钟，接你下课时争取 5 分钟……慢慢积累，一年还是可以挤出时间读
完几十本书的。"

我回头问儿子："你平常有那么明确的目标意识去做一件事吗？"

儿子又是一脸傻笑带过。

我说："有啊，你在研究自行车时，可以一坐就好几小时不起来，
这就是**目标意识带给你的专注力量**。所以，记得要用研究自行车的精

神来读书啊。"

儿子回："嗯嗯。"

我又说："再来，你看爸爸的好友福哥阿北，他的目标是想成为最
厉害的简报教练，后来就做到了。

"但是，你知道福哥阿北第一份工作是做什么的吗？"

儿子回："听你讲过，好像是工地监工？"

我回："对啊。你看，只要你的目标意识明确，不论出身，只要追随着那个方向感（目标意识），走着走着就走到你想要到的位置了。还有叶内成老师，对教育充满热情与动力，过程中也遇到很多困难，因为明确的目标意识（方向感），他撑过来了，后来他们团队研发的PaGamO[1] 海外得奖连连，成为翻转教育的领头人物。"

我问："儿子，那你的人生有什么目标吗？"

有目标意识
之前

有目标意识
之后

儿子答："我想找一份安稳的工作，然后可以好好骑车。这样工作与兴趣就能完美结合！"

我回："哇，好吧好吧。"

1　PaGamO，是上海承育网络科技有限公司开发的学习手机软件。提供课程题库，适用于英文学习、证照考试、企业内训等。

我问："儿子，那你现在知道'目标'与'目标意识'的差异吗？"

儿子回得很果断："不知道！"

我告诉他——

"目标"就是你已经很明确地知道要去做什么事，例如，三年内考上公立大学。

"目标意识"就是你只是大约知道想要去的方向，但又不是那么

明确，例如爸爸当年有目标意识地想成为企业家，至于要做些什么事业，当时的我还不是很清楚，但这个目标意识，在人生过程中指导着我前进的方向，走着走着就带我到了现在的位置。

简单地讲，目标意识就是方向意识，在你人生迷惘时，会带着你找出藏在你内心深处的方向感。

你在成长的过程中，如果找到自己想发展的方向，就代表你有了

自己人生的"目标意识"。

然后在追求过程中，一定会有大大小小不同的困难，记得好好守护它，只要方向没有偏离太多，一步一个脚印，最后它（目标意识）会带你去你想要去的地方，剩下的只是时间快慢的问题了。

儿子只回："嗯嗯嗯。"他一副不是很清楚的样子。

我回："吃饭吧。刚才有人说话吗？"

吼！我前面都白讲了。

前一阵子刚好看到李开复先生写了一篇有关年度目标的文章，文中提到：哈佛大学有个著名的"目标对人生影响"的长期追踪调查，对象是一群智力、能力与学历及家世背景环境等条件都差不多的年轻人，其中：27%的人没有目标，60%的人目标模糊，10%的人有清晰但比较短期的目标，3%的人有清晰且长期的目标。哈佛大学经过25年的长期追踪研究显示，25年前的这群年轻人，后来的发展很有意思。

● **27%没有目标的人群**

绝大多数比例刚好几乎都生活在社会的最底层，工作状况不稳定

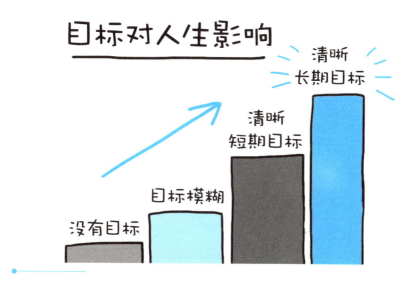

或是失业，抱怨连篇是他们的生活常态。

● **60%目标模糊的人群**

几乎都生活在社会中下层，过着安稳的生活。

● **10%有清晰短期目标的人群**

现在大都生活在社会的中上层，他们不断达成短期目标，生活状态稳步上升，如医生、律师、工程师等。

● 3%有清晰长期目标的人群

这些人 25 年来几乎不曾改过自己的人生目标，他们几乎都成了社会各界的成功人士，如白手起家的老板、行业精英等。

这篇观察报告指出：**目标对人生有巨大的导向性作用。**

你选取什么样的目标、制订什么样的计划，就会有什么样的成就，有什么样的人生。李开复先生也指出：设定一个好的目标，是人

生一次心灵的旅行。我们会出现在什么地方其实不是偶然，而是我们内心的愿望带我们走到那些地方的。

所以，无论是工作、家庭还是事业，如果缺少目标又没有计划，你就容易缺少前进的动力。没有了目标，就像在茫茫大海中失去了方向；没有方向，你怎么努力都可能只是原地打转。所以不是你不能成功，而是你可能缺乏目标帮你守住你原本想去的地方。

暖男与宅男，
要当哪一个

◇ 当宅男不如当暖男

◇ 在宅男主导的世界里，是暖男更吃香

◇ 当一个能看出市场需求的产品经理

前一阵子我在研究一些资料，读着读着两三个小时就过去了。抬头时，才发现在我身旁的儿子也静静地玩了好几小时的手机了。

我说："休息了，不要再玩了哟。"

儿子回："再等一下，我快破关了。"

我回："破关后，请立马放下手机。"

过了五分钟，儿子才心不甘情不愿地收起手机。

我说："不要急着玩手机啊，生活中有很多可以玩或体验的新东西，不要只玩手机。而且等你到职场工作后，电脑与手机可以用到腻都没人管你，然后主管的钉钉、微信、QQ……各种通信软件的工作指示，会让你回不完。你看爸爸的手机，还有两万多封 E-mail 回不完呢！另外等你们这一代长大后，搞不好科技发达，那个时候的手机或电脑已经可以植入你的手掌、脸部、眼球或其他身体部位里了，到时候你想休息都休息不了。

"不要一直玩手机，玩到后面变宅男。"

儿子回："宅男有什么不好？而且现在的宅男形象还不错，代表技术很厉害哟。"

我回："当宅男，不如当暖男啊！"

儿子问："为什么？"

我回："因为等你们这一代当家做主时，编程设计能力、人工智能、机器人、3D/4D/5D打印、万物联网可能都只是一片蛋糕了（a piece of cake）。也许只要对机器说几句话，程序就完成了，东西就运来了，产品就印制出来了……技术变得随手可得，而且未来的世界应该会超出爸爸这一代的想象。但不管世界如何变化，有三种能力或职业会一直存在，我希望你有长期努力的心理准备。"

一直有需求的能力①：能看出市场需求产品的能力

会做产品的人不重要，能看出市场需求又能做出产品的人才重要。就像你们几个同学去了好几次台北的国际自行车大展，看了那么多新产品的发布，结果一整天只买了一个小工具。为什么？因为很多产品只是很炫，只强调差异化；展会上发布的新品，并没有碰触到你们想要的 key points（痛点、爽点、痒点、差异点、盲点……）。这种

对市场需求的手感很重要，这也是爸爸想把自己的销售技能传给你的主因。一旦你能看出市场或客户需求，你大约就可以感觉得出来一家公司有没有机会，市场需不需要这个产品；换句话说，你不知不觉中就有了很不错的销售能力。

还记得爸爸有一次跟你分享，我有一个学生，他在 20 多岁时刚好遇到金融海啸危机，别人都在抱怨整个经济大势不好，没有出人头

地的机会了。他却反向操作，大胆地借了一笔钱买下一块地，在大学对面建了七层楼的学生宿舍，30 岁就财富自由了。这个大哥哥前一阵子过来上爸爸的数字力课程，他超级厉害，因为他看到不管是否景气，大学宿舍一直不足，学生都有住宿的刚性需求，他们几个年轻人就一起想办法去借了一大笔钱，把自己观察到的市场需求产品（学生套房宿舍）做出来。这种能力，不管在现在还是科技化的未来，一直

都会很热门，永远不会消。

一直有需求的能力②：资源整合能力

未来的公司可能越来越小型化，而且越来越国际化，那时候应该都是小部队战斗的团队，每家小公司几个人就能搞出一项特别的专长，这些专长都能让这些小公司在特定的市场存活下来。就像巴菲特

的公司那么会赚钱，核心团队只有 10 多位；像你也认识的 XDite 阿姨，她个人学习能力与创业打市场的速度超级快，核心团队也是 20 人上下。

这种小团队的组织灵活，能够快速适应环境的变化。你不要小看只有 20 人的团队，为什么他们会这么强？就是因为他们有超级的资源整合能力，指到那儿就能打到那儿。具备这种能力的人，不管未来

市场如何变化，这群人肯定能活得好好的。

一直有需求的能力③：团队协作能力

最后一种一直很稀缺的能力是团队协作能力，因为未来的商业模式可能会变成"小 + 小 = 新的大"。

一个有专长的小团队就能存活得好好的，两个不同领域的小团

队相加，可能就变成另外一个新的虚拟大团队。即使未来不是"小 +
小 = 新的大"，科技与商业模式的变化速度也更快，影响力也更大，
这时候能够跨区域、跨团队或跨部门协作的人，将会成为很吃香的
人才。

我问儿子："你想想，到时候你工作的周边都是很牛的各式技术人
员（宅男），你觉得宅男与宅男会不会更容易互相看不顺眼，或是更

会私下竞争？"

儿子回："应该会。"

我问："那在宅男主导的世界里，是'宅男'比较吃香（很小众但
具有很强专业技能的科技人才），还是具有沟通能力的'暖男'比较
吃香（能协调各种宅男高手互相合作的暖男）？"

儿子回："应该是'暖男'。"

　　我说："儿子你有没有发现，其实爸爸训练你当'暖男'已经很多年了。"

　　儿子回："真的吗？什么时候？"

　　我回："从你开始会说话时，爸爸妈妈是不是就引导你遇到同学要主动打招呼？碰见长辈要主动问好？即使见到打扫大楼的阿姨，或是见到资源回收的拾荒阿婆，我们也要你主动问好？因为职业不分

贵贱，大家都是为了生活才去做自己能力所及的工作。还有，我们每天出门或晚上开车回家，和大楼管理员打招呼时，你都会做什么动作？"

　　儿子回："就是要将车窗摇下来，然后和他们打招呼啊。"

　　我继续说："你有没有发现，几年前你都觉得爸爸怪怪的，一直问为什么要这样做？而现在你无意识地就会做出这些动作。无意识的动

作就代表真诚，就容易让人有暖男的印象。而且你还有一个超级大优点：你看起来傻乎乎的！"

儿子问："看起来傻乎乎的，怎么可能是优点？"

我回："我和妈妈看起来都很聪明的感觉（但也没那么聪明），但这 25 年来的工作经验让我发现，别人都会特别防范聪明的人，即使我们没有丝毫攻击性也一样。我觉得你这样笑起来傻乎乎的很好啊，

因为第一眼或第一次相处时，比较不会被别人孤立，这样外表傻乎乎的你就能相对容易融入新环境里。"

儿子回："哦，这样也算优点啊？"

我回："对啊。去年爸爸在北京上课时，有位很年轻的创业家，上课当天特意送我一本她出的书，她是邻三月姐姐。我问她创业做的是什么项目？她说是互联网的学习社群（橙为创始人、妈妈点赞创始

人，也是微博 2018 十大成长母婴育儿大 V，社群营销实战专家），公司 MCN[1] 粉丝矩阵居然超过 1000 万人以上。"

我接着追问："你这么年轻，怎么那么厉害啊？"

她回答："没有啦，老师，就是因为我看起来比较内向，加上我的协作整合能力比较好，大家都觉得我没有攻击性，所以愿意配合我，然后我们做着做着就做到现在的规模了。"她真的是一位非常谦虚的

创业家姐姐。

"还有爸爸新竹的好朋友 Tracy 阿姨也是一样，她们团队走到哪儿

1　MCN，（Multi-Channel Network），即多频道联播网。源于国外成熟的网红经济运作，本质是以一个多频道网络的产品形态将内容联合起来，在资本支持下，保障内容可持续输出，从而最终实现商业上的稳定变现。

都受欢迎！你知道为什么吗？就是在各种服务的细节里非常用心与暖心，而且协作能力超强。"

我问儿子："将来的你，如果二选一，暖男与宅男，你会选哪一个？"

儿子回："唉，我还是会选'自行车男'。"

哇咧……

教小朋友真是很累啊。

这位爸爸，你累了吗？！

给 孩 子 的 第 七 堂

商 业 思 维 课

试过
500 次以上，
才有资格说放弃

◇ 精通一项技能通常要连过三关

◇ 表层、里层、核心层

◇ 刻意练习法

我们家通常不管小朋友的课业，我们只要求他们的功课能保持在平均水平即可，因为我们不想为了多那 20 分，让小朋友花全部的年少时间学习在 Google 就找得到的基础知识。但我们很重视 些与世界接轨的能力，例如做人做事与应对进退礼仪、挫折容忍度、问题解决能力、基本的英文表达能力等等。

之前我也写过一篇文章：《儿子，你"不能考第一名"！》[1]，表达

了我们家不重视成绩的个人看法，文章被新闻网与其他媒体分享，不少网民骂我是天龙国[2]思维。网民不晓得我过去的成长经历：清贫家

---

1 该文林明樟：《儿子，你"不能考第一名"！》，可参考链接：
https://www.setn.com/News.aspx?NewsID=46901

2 天龙国，网民对于台北市的昵称，喜欢以"天龙国"三字来替代，讽刺台北市民往往不关心台北市以外的讯息。

庭，15 岁变坏向地下钱庄借钱，躲在赌场一年，然后奋力读书，大学以全系前几名毕业；搞财务，破产，转业务，创业，失败，再回到大公司上班，创业，再创业。当时我给酸民[1]的留言通通点赞，然后一句话也没回，因为我的人生我自己负责，只要行得正，心存正念不害人，我们是不需要向那些酸民汇报或回应的，呵呵呵。

前一阵子儿子学校期中考试，结果英文这科的成绩退步很多。

我说："儿子，你有没有发现，爸爸妈妈应该是你们同学里很开明的那种父母，基本上完全不过问你的成绩。我只会说，有问题来问爸爸，爸爸在学习方面有点厉害，知道很多有效的学习方法，而且还跟

---

1 酸民，闽南话，网络用语，主要讽刺那些动不动就在网络上讽刺别人的人。

写程序的'神人'XDite偷偷学了很多招。但我不会主动教你,只有你开口时我才会教你〔刻意让儿子练习 Call High(向高层求助、拜访高层)、向外求援的能力,这项能力日后在职场上也非常重要〕。结果你上中学之后,到现在高中,这几年你开口求救过吗?"

儿子回:"没有。"

我回:"对啊,一次都没有。你知道爸爸在专业领域的地位吗?

一堆人想向爸爸学习,或是来应聘工作,但爸爸都没有接受,因为时间实在不够用。你天天在爸爸身边,都不会运用我的强项,有点可惜啊。不过我不想勉强你,反正等你开口,我才会出手帮你。爸爸只想让你知道,爸爸和妈妈一直都在这里支持你,你有问题一定要适时Call High,要不然我们不知道你的状况,就不会出手相助。不出手是因为不想干涉你个人的发展,你这么大了,一定有自己的想法,我们尊重你。但不能摆烂喔！知道吗？"

儿子回："我没有摆烂啊，我认真学了，只是考不好嘛！"

我回："我了解。但是，没有试过（练过）500 次以上，都不算认真学啊。"

儿子回："怎么可能有机会练 500 次？！"

我回："爸爸年轻时，因为没钱了，被迫去做业务，因为只有做业

务才有比较多的钱来解决当时的财务问题。为了赚更多的钱，我选择了海外业务。"

儿子回："这个我知道，你以前说过。"他一副某位老人说过又忘了还再说一次的表情。

我回："但你知道爸爸之前的英文很烂吗？因为以前爱打架，休学后回到高中我才决定要认真读书，但我前面十多年没有基础，读起

书来真的很难啊。这就是为什么爸爸一直要求你至少要保持在平均水平，因为日后你自己想要深造，才有基础接上去。

"但你还是不能考前三名，因为容易变书呆子，我不想你变成那个样子。重新回到学校后，为了读好英文，一般人都是读 KK、DJ 音标[1]，爸爸读的是 MJ[2] 音标！"

儿子回："哪有什么 MJ 音标？！"

我回："有啊，就是我爱发什么音就发什么音标，所以叫 MJ 音标。为了记住多音节的英文单词，爸爸会用闽南话、客家话、笑话甚

---

1 KK 音标，即美式音标，也称 K.K. 音标；DJ 音标，即英国标准发音音标。KK 音标与 DJ 音标都是英语国际音标中的一种。

2 MJ，是作者林明樟先生英文名字的缩写。

至是低俗的话来记单词，只要能记住就好。果然我一路从新竹中学读到大学毕业，觉得这方法超级有用。"

"后来决定做海外业务，我才发现：客户发的音与我的 MJ 音不同，所以谈生意时只要讲到多音节单词，我就完全听不懂了。为了改善这个问题（没改善我就死定了，因为可能无法再做海外业务），你猜爸爸做了什么事？"

儿子回："就好好练习发音啊。"

"基本上是对的，但我做了两件事：

1. 我花了几千元买下当时很贵的录音笔，偷偷把客户跟我说的话通通录下来，重复听很多次才听懂。这个方法现在违法，不能学！

2. 接着我告诉自己，我英文不好，发音的音标也不对，传统的学习方法根本来不及应付每天的海外业务沟通。所以我要求自己，每天找出两句谈生意常用的句子，骑摩托车上下班时一路念上 500 遍，用最笨的方法把句子印在脑海中。去程一句话念了 500 遍，回程又一句话念上 500 遍，一天两句话，一年下来就有 700 多句话。用这 700 多句英文与客户聊完后，生意也谈完了。"

"例如，我今天想记住'这是你第一次来台湾吗？'，因为和客户碰面时最常说这句话。我就会在骑摩托车时一直念、一直念，Is this

your first time to Taiwan？我一直念、一直念，等红灯时也在念，旁边的骑士都觉得我是神经病。然后我看着他，又念了一次：Is this your first time to Taiwan？然后我油门一拧就走了。我相信刚才那个人一定在偷笑我，不过没有关系，我不认识他，他也没记下我帅气的脸。

去公司 40 分钟的车程，我应该念了超过 1000 次。我到现在还记得这句话。

回程时，可能又练习了：Your wished price is out of my authority. But I will double-check for you. Tell me, why this price？然后一直念，一直念，超过 1000 次就记住了。"

我说："儿子啊，我对你很好。我只要你念 500 次啊！"

儿子回："不会吧，500 次？我念 5 次就够了。老爸，你要多学习啊，XD！"

我回："念 500 次是有道理的啊，因为这就是**成为达人的刻意练习法**。"

想精通一项技能，通常要连过三关。

● 第一关是**表层**：第一次大家都是一张白纸，都会害怕，一般人最多练十次以内学不会就放弃了。厉害的人会再试一试，然后进入下一关。

● 第二关是**里层**：做着做着，可能超过 100 次以后，就会发出"哦""原来是这样啊"的感悟，代表你已经把前人走的路径与方法学会了。但这只能达到 80 分的水平，要成为精通一项技能的达人，就要再往下走。

● 第三关是**核心层**：这个时候的你，就能站在前人经验的肩膀上，不断创新做出自己的特色，淬炼出更好、更有效的方法，然后成

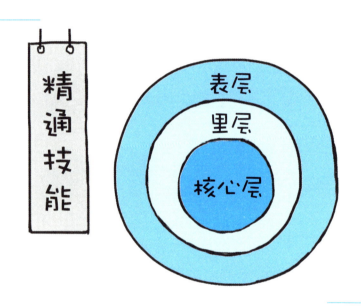

为某一领域的达人。

儿子回："哦，我知道了，但很麻烦唉。"

我回："就是因为很麻烦，所以一般人最多只能走到第二层。不过，那还是要看你自己想不想变强？想不想成为有一技之长的达人，走到第三关的核心层？还是一句老话：你的人生，你做主！爸爸只教你方法，用不用你自己决定。"

"看看爸爸身边的朋友，例如：宪哥阿北为什么口语表达那么强？为什么他录影都是一镜到底，没有 NG（即 Not Given，指不好或未达到最佳效果的镜头，需要演员重新来一次）过？因为他故意不拿薪水，去电台免费当主持人，刻意练习了超过 500 次以上。

"福哥 uncle 为什么在简报这一项技能上超越别人那么多，他只要看一下你的简报，然后花 10 分钟教你，你就能进入完全不同的等

级？因为他用宅男精神练了超过 1 万次。

"XDite 姐姐（彩蛋：上一篇 XDite 是阿姨身份，这一篇变年轻了，化身姐姐）为了学会一种程序语言，她会一直写，一直写，写到都不用睡觉，写到用直觉就能写出来她才停止，这就是为什么她能成就今天在软件领域的高度。

"杨斯棓医师为了电力无核化的理念，卖了自己的一间房当作经

费，在香港、台湾地区及美国、加拿大等国家中，自费进行了 200 多场演讲，后来就变成观点非常犀利、论述非常到位的表达高手。

"所以啊，爸爸才说，试过 500 次以上，才有资格说放弃。"

儿子回："我知道了。"

我回："那还不去拿英文课本，去补上 499 次。"儿子默默地拿着书本走进书房……呵呵呵。

您试过 500 次以上了吗？如果还没，别轻言放弃！

给孩子的第八堂
商业思维课

用长期与概率的
眼光做重大决定

◇ 抵债拿房子比拿现金好

◇ 选这条路的成功概率有多少

因为参加铁人三项比赛需要定期训练，于是和儿子相约每周至少两次到河堤跑步 5 公里做自主训练。

带着儿子去参加铁人三项，其实是做老爸的私心：我刻意带儿子去比赛、去吃苦，故意让他自己独处长达 4 小时的高压限时赛程，因为比赛时考验的是一个人的耐力与抗压力。

过程中，你会一直不由自主地碎碎念（自我对话）：

我快不行了！我快不行了！

快死掉了！我要休息！

我要休息！好累啊！

好，我再撑 200 米！

再跑一下再休息！

XD！那个那么壮的老伯伯居然比我快，不行不行，我要再撑一下！

好累哟，干吗来参加这种比赛！

好想上厕所哟，可是比赛的裤子不好脱啊！

再撑一下子！再撑一下！**你行的！**

靠！我以后不想再参加这种鸟赛事了！

以上对白都是中年大叔的自言自语……

结果我们父子俩连续参加了好几年，呵呵呵。

有天晚上的自主训练，父子聊着聊着，聊到他爷爷的过去经历。

我说："爷爷他们那一辈，每个家庭的兄弟姐妹都很多，经济状况都不好，大家生活苦，多数人没有机会也没有钱去读书。但当时台湾正在体制重整，经济起飞，只要肯拼、肯努力，爷爷那一辈还是有很多出人头地的机会的。

"例如爷爷和奶奶因为没有一技之长，加上只有小学的学历，一开始只能在工地打工，从一天只有几十元的工地小工做起，边做边学，几年后跟对师父，就变成了厉害的泥作工。爸爸小时候在工地帮爷爷奶奶的时候，就看到其他很多师父过来看爷爷的手艺与比较特殊的施工方式，因为当时的爷爷泥作品质比别人好，速度又比别人快上

1.5~2 倍。"

儿子回："哇，没想到爷爷之前在自己的领域也很厉害。"

我回："嗯嗯。但是，后来就变样了。"

儿子问："发生了什么事吗？"

我回："因为爷爷在工地结拜的几位兄弟，后来发现包工程赚钱比较快，只帮别人打工赚钱太慢，所以慢慢转去包工程。爷爷写得一手

好字，又看得懂工程图，所以大都由他去主谈生意，然后再由其他结拜兄弟去找不同专长的工人来一起施工。果然，通过大家的努力，一起接到了第一个案子，一年后赚了点钱。然后，他们几个就去包了一个更大金额的案子，做着做着，没想到房子快盖好时，开发商因资金周转不灵，倒闭了。爷爷他们因为包工程，所以欠了很多工人师傅的工资还没有付……

"那个年代的开发商大都算是有情有义气的一批生意人，开发商对爷爷说：我公司资金周转不灵，现金不够，没办法付给你们工程款。那这样好了，我就以市价用房子抵债，结清欠你的工程款，怎么样？"

我问儿子："如果是你，你会怎么做？拿房子还是拿现金？"

儿子回："我会拿现金，逼开发商拿现金还我们的工程款。要是他不还，我就去告他。"

我回："儿子啊，你好像也没睡够啊。怎么你的选择与当年的爷爷很像？**如果是我，我会先拿回房子！**"

儿子回："可是对方欠我们现金啊！而且房子拿回来了，万一卖不出去怎么办？我们还是没有现金可以付工人师傅的薪水啊！"

我回："你这样想是对的，但不够务实！将来如果你遇到人生的重

用长期与概率的眼光做重大决定！

大决定，记得要用**长期与概率的眼光做重大决定！**"

儿子问："我听不太懂。"

我回："你想想看几种可能的情境，就会明白了。"

● 情境一：我们坚持拿现金，可是开发商早就已经周转不灵了，你觉得拿到的概率可能是多少？

儿子回："我猜 10%！"

● 情境二：拿不到钱去告开发商，坚持告到底，然后我们花了好几年，拿到法院的胜诉裁决，这时候开发商应该已经倒闭了。你觉得我们拿到这张裁决书去找开发商要钱，拿到现金的概率可能是多少？

儿子回："应该是 0，因为对方已经倒闭了啊，根本不会有钱可还……哦，我刚才好像不应该选拿现金这条路，因为达成的概率太

低，居然只有 0~10%！"

● 情境三：先拿房子，到时候卖掉换现金。如果卖不掉，用市价的 8 折或 9 折应该卖得掉。儿子，你觉得能换成现金去付给工人师傅薪水的概率有多少？

儿子回："90%，甚至 100%。要看后来房子卖出的价格。"

我回："嗯嗯嗯！你怎么突然又有数字的天分了，呵呵呵。当年

爷爷就是太执着于情境一与情境二，结果什么都没有。他坚持的是
0~10% 的概率！真是可惜啊，要不然他们的人生将有很大不同啊。"

"那一次跌倒，也让他们变得胆小，不敢再有更大的梦想，然后
一天过一天，花了很长很长时间，才处理完当时的工资欠款问题。后
来的后来，我们家族发生的事情你也知道了。自己亲人发生的真实故
事，就是在教我们：将来如果你遇到人生重大决定，记得要用长期与

概率的眼光做重大决定！知道吗，儿子？"

儿子回："我知道了。要用概率的眼光来做重大决定。"

我说："你看看爸爸在讲师领域的几次方向调整，也是这个道理！
一出道时什么课都上，后来有点实力后，爸爸就主推 B2B 销售课程，
因为当时线上的讲师很少有人像爸爸这样，具备扎实的打过数百亿营
收实战与创业的经验。而且我的教学技巧很活，很江湖，面对武艺高

强的上市公司业务主管或同人，爸爸也能从容应对。你觉得当时我选这条路的成功概率有多少？"

儿子回："90％。"

我回："没那么自 high 啦，我给自己 80％。后来真的就在那个领域做得不错。

几年后，爸爸又认识了很厉害的福哥 uncle（在上一篇他是福哥阿

北），他教的简报技巧与教学的技术，都超厉害。接着又认识了周硕伦 Adam 阿北，他教的创意与创新课程也很厉害。Adam 阿北为了学会创新的核心知识，已经在这个领域深耕了十多年。为了更接地气，他又将全球迪士尼乐园全部都去了一次，直接到第一线去学习，然后又上完了哈佛、斯坦福、迪士尼学院与 IDEO 等名校或有名机构开设的创新领域课程。

当时我也教 B2B 销售简报，同时也教上市公司主管的创新课程。后来我们几个成为好朋友，爸爸是重义气的人，你知道我当时和他们说什么吗？"

儿子回："我怎么知道！"（他的 OS：我又不是你肚子里的虫虫。）

我回："爸爸当场和他们说，因为大家都是好兄弟，简报与创新这

两门课，我以后都不教了。而且我一诺千金，真的就把简报与创新课程全部推掉了！"

儿子回："不是吧？！我猜是你和他们两位阿北 PK，你赢的概率只有不到 50% 吧！"

我说："嘘！你怎么知道！这个才是真正的原因！这是我们两人的秘密，不能说出去！

"后来爸爸又把 B2B 系列课程给关掉了，转到财务报表分析，教不懂财报的小白变成财报高手。因为我自己长达 20 年以上的研究，加上独特的活用式教学手法与惨烈的创业与销售经验，让这堂课程在市场上有 90% 以上的成功率，几年后就是你现在周末偶尔会去帮忙打工赚零用钱的超级数字力课程。"

就像 2000 年的某个早上，亚马逊的老板贝佐斯打电话给巴菲特

一样。

贝佐斯在电话中说："老巴老巴，你的投资原则这么清楚、这么具体又可操作，为什么世上的投资者只有你很有钱，其他投资者都没有致富？"

老巴回："我确实把方法都分享出去了，但是很少人照着去做……因为没有人愿意慢慢变富有！"

所以啊，儿子，以后如果你要做重大的人生决策，请你用长期与概率的眼光来决定，你就会慢慢地走到你想要的位置了！

给 孩 子 的 第 九 堂

商 业 思 维 课

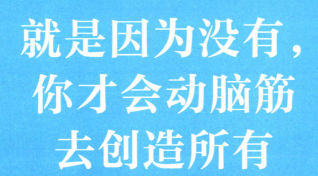

就是因为没有，
你才会动脑筋
去创造所有

◇ 同理心与商业敏感度

◇ 没有资源要怎么无中生有

◇ 靠商业天分&靠毅力

接儿子下课时，有时儿子一上车就睡翻天。副驾驶座上没人可聊天，我就听有声书，有次听到一家知名公司如何"从无到有"的成功故事。我喃喃自语："如果是我，在它成立初期的几个重大转折时刻，我会不会一样做出这么果断的决定？"

我正在利用自问自答的方式提升自我的商业敏锐度时，儿子早已醒了好一会儿，然后突然说了一句："它的成功是因为有钱又有关系。"

我回："你怎么知道？这家公司确实很有钱！但一开始他们几个人创业时，身上只有不到 10 万元，基本上是'从无到有'一路拼搏才有今天的成就。有钱是后来的事，不能倒果为因啊。"

儿子回："嗯。"

我说："这个很像真实的人生，大部分人像爸爸妈妈一样没有家世背景，我们都是一无所有，然后自己创造出目前的所有的。"

我又顺便借机教育一下儿子。

"另外，人生不能只有非黑即白，或是有钱就成功、没钱就失败这么机械化的视角。这世上有很多无法解释的事情，你看地球 70 多亿人口，拥有这么多科学家，我们对宇宙好几百年的所有研究积累，也只能解释宇宙不到千分之一。

"你要慢慢开始体会这世界是彩色、黑白与灰色三重空间所组成

的。尽量**不要有太多'非黑即白'的思想**，它容易让你变得简单、粗暴或盲从，那是爸爸 30 岁前，不懂世事的二分法思维。

"将来的你，应该用最大的气度去包容身边各种的'不一样'，不论它是彩色、黑白或灰色。然后你会意外地发现，因为你对灰色事件的接受度越来越高，不知不觉中你对身边发生的事情就愈敏感愈好奇，进而自我提问为何最后会演变成这么多灰色的空间或行为，有哪

些无法用直觉解释的各种行为。未来，如果你想往商业领域发展，这就会变成你的一个很重要的天分：**商业敏感度**。即使你不想往商业发展，你也会比别人更具备**同理心**，然后不知不觉中你就会变成一个有温度的科技男，一个可能在未来冰冷的科技社会受到欢迎的暖男，呵呵呵。"

儿子问："嗯，我知道了！不过老爸，我觉得你前面说的'从无到

有'这件事，会不会都是因为运气好啊？要不然，当我们手上没有资源时，怎么可能无中生有？又不是变魔术！"

我回："好问题！就是因为没有，你才会动脑筋去创造所有。其实全世界的商业世界到处充满资金与技术，整个新创行业最缺的是'没有钱又肯承担风险出来创业的人'，我们称为具有'创业家精神'的人：即使最后可能一无所有，仍愿意为了理想、梦想或财富全力一搏

的人。

"一般人想创业只想去创投圈（天使、种子、创投、私募……）弄一笔钱，自己能不出钱最好。因为钱都是别人出的，所以容易随便花用，这样的创业团队最后的成功概率不会太高。"

儿子追问："老爸你说了那么多，感觉很有理论性，我还是不相信。身上没钱没资源，我能无中生有？！"

我回："有啊，当然有。无中生有，以爸爸有限的经验，我觉得可以分成两种。"

第一种无中生有：有商业天分的无中生有

这种无中生有，靠的是创业家对市场的敏感度或对趋势的掌握度。

例如 XDite 姐姐离开台湾，只身前往北京发展时，身上其实没有多少钱。在北京，她就是靠商业敏感度，掌握了整个中国在疯迷与程序和元知识[1]学习这两个风口，创造了第一桶金。接着她又跟上了当时的区块链趋势，创造了第二桶金。然后是第三桶、第四桶金……现在的她，可以自由尝试自己想做的事情。你看，这是不是无中生有？

再如爸爸在北京的一位学生，25 岁的王哥哥，宁波人，大学毕业

后不想进入大企业工作，想自己出来闯闯，然后先回了老家。几个月后，在某次机缘下参加大学同学聚会，大家聊到一线城市的外卖 APP

---

1 元知识，是指设计大型专家系统时，把知识分为两个层次：知识集和控制知识集（知识的知识）。后者被称为元知识。

很火热，聚会结束后，他立马查询了一下，发现美团（外卖 APP）刚到宁波发展，当时的他手上只有 2 万人民币！我问儿子："你猜他做了什么事？"

儿子回："他应该会去那边先打工，再看看有没有机会。"

我回："那位王哥哥是直接到办事处找到那家公司的承办人，询问能否加入他们的外卖摩托车供应商行列。对方说：需要这个条件、那

个条件，还有这几个条件。王哥哥回应：你说的条件我都不符合，但我大学刚毕业，干劲十足，手上还有一些钱（其实只有 2 万元），能立马组建专门为美团服务的车队，如果你缺车队找我就对了。结果对方试用了他，一年内，他成为一家拥有 300 人团队的公司创办人。"

刚才那两个，就是有商业天分的无中生有。

第二种无中生有：胆子大、靠毅力打拼出来的无中生有

另一种是爸爸的这一种，胆子很大，靠毅力打拼出来的无中生有。

从网站创业，监控设备的 PVR 创业；到教育训练，又搞美妆平台；钱烧光了又回到教育训练，然后做了超级数字力；后来变成了能联结 16 个国家和地区，我准备传承下去的教育小事业。靠的就是胆

大与毅力来的无中生有。

你还记得爸爸第一次创业带的团队成员，胖胖又一直微笑的 Gary 叔叔吗？他也是只带了十万元加上一台电脑，在大陆卖自己设计的灯，后来发展成十多亿元的大生意。爸爸前几年还特别去看了他，他也是那种有天分而且胆子很大，靠毅力打拼出来的无中生有。

还有你认识的琦恩叔叔，一开始只是跟着他爸爸做着海底的海

事工程，有一次差点没命了。离开海底几年后，他再次回到热爱的海洋世界，做着做着，靠着毅力与对海的梦想，成就了全台湾最大的潜水事业体"台湾潜水"。全球只有 60 个 PADI 白金课程总监，他们公司就占了两个；前几年，琦恩叔叔也是卡西欧潜水表的台湾地区代言人，今年又成为亚洲第一家"B 型企业"潜水教育中心，还有很多很多正在发展的故事……

毅力＋梦想
＝
台湾最大的潜水事业体

　　所以啊，儿子，将来不管你想去什么领域发展，请记住：人的一生都是无中生有，创造你想要的东西。

　　一样的道理可以运用在任何事业上，无中生有。

　　不要因为没有，天天抱怨，最后就可能真的一无所有。

等我们拥有了，代表整个社会给了我们很多东西，行有余力要记得帮助别人，适时地回馈，整个社会就会一起变好。

自己富有了，也要让团队与身边合作的伙伴一起富有。

钱要花在刀刃上

◇ 什么是刀刃

◇ 一样的钱花在不同的地方有不同的效用

◇ 为了目标可以暂时牺牲眼前的物质欲望

今年的圣诞节我和老婆讨论后，觉得小朋友的物质生活已经很好了，所以我们决定今年不再送他们任何圣诞礼物。

做这项决定心里其实很挣扎，因为儿子常常负责帮忙收家中的文件与包裹工作，知道我们家每年捐不少钱给十几家弱势团体，还有超过百万以上的钱是无息借款给只有一两面之缘的数字力学员……

我跟儿子说："不是爸爸对你们不好，而是那些学生刚好面临人生

的关卡，少了这 10 万、20 万，他们的家有可能马上就会被法院拍卖，他们租的房子有可能被收回然后无家可归。他们家中发生变故，急需这笔钱；他们向身边的朋友求救，却没有人愿意借钱给他们。他们都放下面子来找我借钱了，如果爸爸没有借给他们，他们可能会走投无路。爸爸当年也得到过朋友们的帮助，所以将心比心，就借给他们了，我也不知道他们日后有没有能力还我。"

后来我发现越借越多，就请公司的团队做了一个总量管制，所以没事不要再来找我借钱啊（本篇文章的重点），哈哈哈……，不然最后搞到我要跟大家一起跑路。

30多岁的时候我看到一篇报道：台南一位非常有爱心的棒球教练，将自己一辈子的周末时间都花在学校小朋友的棒球教育上，18年时间没有好好陪过自己的儿子，好不容易等到儿子18岁了，送了他

一台摩托车当作生日纪念，结果当天儿子就出车祸死亡了。这则新闻一直在我的脑海里烙印了十多年……

所以从那个时候起，我就告诉自己：MJ你不是咖，千万不要想当圣人，不要想出手救所有的人！先照顾好自己的家人才是男人！我开始知道**行善的前题是：行有余力再帮助别人。**

没有给自己的小朋友圣诞礼物，这件事一直在我心里很纠结，

所以圣诞节的晚上即使下着毛毛细雨，我还是拉着儿子到河堤散步聊天。

走着走着，我劈头直接问儿子："今年爸爸妈妈没给你圣诞礼物，你会恨我们吗？"

儿子说："不会啊，因为我知道爸爸妈妈在做善事，而且我们家的玩具好像也太多了，少一点也好，这样子物欲会低一点，对我们的

未来发展会好一点。而且，那些钱借给他们，可能救了一家人；那些钱给我用来升级自行车设备，只是让我看起来更像一个职业自行车手而已。"

我走在漆黑的河堤上，偷偷流下眼泪，心想：儿子真的长大了，而且很有智慧啊！

我回："Willie，你真是太棒了！你的想法很正确。

"钱的效用，用在他们身上可能是生与死的问题。

"钱的效用，花在你的礼物上是满足度的问题。

"爸爸真的以你为荣啊！"

我又问："你平常的零用金够用吗？"

儿子回："够用。"

我说："妈妈现在一周给你多少零用钱？"

他回："一周 1000 元。"

我说："扣掉基本开销后，能存钱吗？"

儿子说："可以啊，1000 元我要扣除一周五天的三餐费用（早餐的餐费＋学校中餐自己付费＋晚餐的餐费），外加一周我可能要买一两瓶饮料，这样一周大约可以存 100~200 元。另外，因为零食很贵，我都是从家里带去，这样子又可以省下不少钱。"

我听了，眼泪又流下来。没想到儿子可以这么刻苦地利用自己有限的资源。

我心里 OS：儿子啊，爸妈真的没有白教你这十多年，你真是太棒了。

我问："那你想更新自行车设备的钱存好了吗？"我想赞助儿子，减少一些我的愧疚感。

儿子回："我可以慢慢存，三个月就可以存够了，所以不用爸爸给我额外的钱啦。"

因为每个自行车零件，儿子都要花上三到六个月的时间才能存够钱买回来，所以他对自行车非常爱惜，只要车子淋到雨，回家后都是大拆大保养。

我回："儿子，你真是越来越像大人了。"然后抱了他一下，继续两个男人的雨中散步。

没想到经过我们夫妻俩长期的耳提面命（中译中：碎碎念），儿子已经能够：

● 控制自己的物欲。一般人的不幸福感，多数来自不当的物欲追求。

● 知道一样的钱花在不同的地方有不同的效用。钱要花在刀刃

上，刀刃就是效用高的地方。

● 学会了行善过程中的大气度风格。

● 为了目标可以暂时牺牲眼前的一些物质欲望。

不要只会接球
却忘了传球

◇ 借力用力使巧劲

◇ 不用自己蛮干就行

◇ 越级别学习，把被拒绝视为常态

儿子跟妹妹的年纪相差六岁，从小到大妹妹唯一的玩伴就是儿子。可能是因为从小就超龄跟比她大六岁的人学习，所以妹妹从小反应就快，根本就是古灵精怪。

两个人有时为了一件事斗嘴，妹妹常有很灵光的一句话，让儿子来不及回应或是受不了，最后演变成兄妹间的辩论赛。为了她的一句话，儿子会花 5~10 分钟来来回回激辩她的不是……这个情节上映了

无数次。我和老婆多次引导，却一直找不到有效的方法排除这种兄妹间的辩论赛。

有次父子运动时，我和儿子说："你有没有发现，妹妹的反应很快，而且常常回嘴到你不知所措？"

儿子说："她那是诡辩啊！而且一堆歪理……"

我说："在她那个年龄，以她有限的知识那样无厘头地回应很正常

啊。不过我想和你分享的重点不是这个啦！我要说的是：为什么妹妹反应与学习的速度这么快？"

儿子不耐烦地回应："不知道。"

我回："那是因为她长年都和你在一起玩，天南地北地聊天。两个不同量级的选手一起学习，最后轻量级的选手通常进步最快。

"一样的道理，妹妹是轻量级，你是重量级，所以她在你身上学

习了很多技巧，常常会有灵光乍现的一句话'KO（即 Knock Out，击倒）'你。

"所以，爸爸建议你如果日后想要快速成长，最好的方式就是越级别学习，用更高量级的选手训练方式来培养自己的能力。就像去年爸爸送你去跟 Tracy 阿姨的团队一起学习'拍出影响力'，或是到宪福育创去学习网路行销课程。

"还有妈妈也常带着你和妹妹去向名人学习，例如宪哥、福哥、严长寿先生、黑幼龙先生、戴胜通先生、程天纵老师的活动等等。

"爸爸自己也常常越级别去学习，例如刚工作时，和爸爸同期进去的同事，都只是在公司向前辈免费学习。爸爸想进步更快一点，于是把赚来的薪水拿出 50%，一直在外面付费学习；这样的情况长达很多年，不知不觉中功力与视野就提升了。后来我又遇到很多高手，最

越级别学习！

近几年爸爸就向城邦出版社的何社长请益，或是向爸爸公司的上市柜客户的老板们请益学习。这样的学习方式能让我们成长最快。

"但记得：这些高手没有义务花时间指导我们，所以不要以为开口就会得到帮助。你要**把被拒绝视为常态**，如果别人出手协助你，你要当成这是对方的慈悲之举，这样的心态才对。被拒绝没关系，持续尝试或是把自己变强，或是更有温度、更有礼貌地虚心求教等等。总

有一天，这些高手就会伸出温暖的双手指导你一次。

"日后真的因为这些高手的指导，让你的人生大不同，记得要'还愿'，亲自向这前辈说声谢谢，或是送一些有意义的礼物感恩他们。这样就形成一个良善又正面的循环，人生真的就可能大大不同了。"

儿子回："我知道了。"

接着我把话题转到兄妹俩的斗嘴事件。

然后问儿子："为什么有时候妹妹的一句话，你要用十分钟、几十句话来回应她呢？你有没有发现这样子好累啊？"

儿子说："可是妹妹有时候是在乱说话，我当然要制止她。她一回嘴，我自然要加码啊……"

我回："儿子，你知道爸爸以前在大学是打橄榄球的吗？我打的是跑锋，就是负责出去抢球的那个人。以前爸爸常常捡到球之后，就一路往前跑，前方一定有三到五个对手阻挡我带球前进。我们在打橄榄球的时候，不是只意思意思身体碰撞一下而已，橄榄球都是要用擒抱或是强拉的方式把对方扑倒在地上，才能有效阻止对方（跟真实的社会很接近）。可能是因为紧张，有时候爸爸拿到球，旁边有很多学长一直叫我传球，我却忘了传球。所以比赛结束之后，有时候会被高年

级的学长直接拿球往我头上丢，然后骂我：**你的旁边这么多人，你为什么不传球，错失一次好机会？为什么要自己蛮干到底？**

"儿子你有没有发现，其实人生，有时就像打橄榄球，不要只会接球却忘了传球。"

儿子回："什么意思？我不太懂。"

我回："妹妹的一句话，就像一个椭圆的橄榄球，你常常都是硬接

下来，忘了传球。"

儿子问："什么是硬接下来？"

我回："你们兄妹之间的对话，有时候根本没那么多意义，只是聊天过程中的一句俏皮话，你却很认真地一句话一句话硬接下来，忘了传球。其实有时候，一个傻笑就可以把那句话或某件事给带过，这就是一种传球。"

学习如何传球

"以前爸爸刚回到大企业才三个月，和一位研发副总讨论专案，那位副总说这不可能、那不可能，反正都是不可能啦。爸爸是在外面创业自己烧钱多年才回到大企业，觉得上市公司怎么会有这么官僚气的人员！于是……我当场就拍桌子说'你不想干就不要干'，然后气呼呼地离开了会议室。离开后，我才惊觉对方的官比我大多了，应该是他要对我说'不想干就不要干'，而不是由爸爸说。呵呵呵。

"后来你就猜得出，他不会给我资源支持我的客户了。如果时间倒转，我不会拍桌，我会说：报告副总，站在您的部门立场，临时再多接一个案子，我能够理解会非常困难。但客户特别要求我们公司派出最强的团队来操作这个大案子，所以我才厚着脸皮过来找您帮忙。我真心希望您能够支持一下。如果还是有困难，那我请我们的老板邀您吃个饭，你们两位高手再商量看看，是否有机会请您拨出一点资源

来支持我们。

"你看，我年轻时，只会一股脑儿地接球硬干把事情搞定，却不会借力用力地传球，运用巧劲把事情做好。如果以后妹妹太过无厘头，你应该怎么办？"

儿子回："我知道了，我不会硬接球，我会试着传球。"

我问："怎么传球？"

儿子回："就是傻笑啊！"

我回："不是啦 XD！不是只有傻笑这个方法吧！

"你可以把球传给我们，让我们来判断谁不合理，然后还你们双方一个公道；或是找有力的第三方帮你们协调事情……这都是传球的技巧。"

儿子回："我知道啦！"

理工男的儿子都是直线条在处理事情，我希望他学会传球的技巧，知道可以借力用力，运用巧劲让事情进展得更顺畅。

不贪心的
幸运人生

◇ 金钱价值观带来的好运

◇ 不贪钱的傻劲打造幸运人生

◇ 吸引到跟你同类型价值观的人

这一晚父子俩到楼下进行间歇式自主训练，急跑急停以增加铁人三项比赛所需的心肺能力，然后气喘吁吁地走在河堤旁。我心里想着，已经和儿子多次分享过不同的人生与商业思维，是时候和儿子谈谈最俗气的观念了——金钱观。

我问儿子："你觉得爸爸和妈妈经过 20 多年的打拼，过得好不好？"

儿子回："之前好像不是很好，但是不晓得为什么，后来好像越来越好了。"

我说："你怎么发现的？"

儿子回："因为爸爸妈妈帮助别人的次数好像越来越多，你们连几十年没有联络的大学同学都借钱给他们了。（儿子知道我们曾经走投无路，向大学同学借钱却没人愿意借给我们的故事，所以他觉得：为什么要借钱给大学同学呢？）如果家中经济状况不好，你们这样帮忙下去，我猜我和妹妹应该就要喝西北风了。"

我回："嗯嗯。我和你妈妈自己也发现了。我一开始以为是我的销售能力创造出来的财富，后来才发现，是自己的**金钱价值观带来的好运**。"

儿子问："什么样的金钱价值观会带来好运？"

这时，难得儿子眼中充满了积极的学习目光……

我回："爸爸一直相信，世上的钱实在太多了，怎么赚都赚不完。前提是，你要好好认真学会爸爸将来要教你的销售能力！

"因为爸爸打从心里相信钱永远赚不完，所以爸爸妈妈对钱看得很开，钱来就来，不来也没有关系。我们**宁可少拿一点，也不要拿走牌桌上的每一块钱**。结果留下来给对方的钱，居然变成钱母，又带给爸爸更多更多的钱。"

儿子问："怎么可能这么神奇？留下的钱，不就给对方带走了吗？怎么可能又帮你带钱过来呢？"

我回："这是真的。因为**你的金钱价值观就像一个人生大磁铁，会不断地吸引跟你同类型的人过来协助你**。将来你的人生或是你在商业上的价值观，也会对你日后的财富影响相当大。以后有机会，我们父

金钱价值观就像一个人生大磁铁

子俩再来聊聊其他价值观的事情。

"今天爸爸想聊聊钱的价值观。

"还记得之前和你分享过的，如果天上突然下起黄金雨的故事吗？"（你是不锈钢杯子？脸盆？河川？还是大海？）

儿子回："嗯嗯，我记得。你是不锈钢杯子就只能接起杯子大小的财富，你是脸盆就能接起脸盆大小的财富。"

我回："对对对。其实工作一开始，我和妈妈对人就很大方，常常吃饭买单，也常常礼尚往来送人礼物，持续了十多年，花了非常非常多的钱在朋友身上。其实过程中爸爸是有一点灰心，因为好像有很高的比率都是碰到不太好的人。

"那个时候，妈妈就会对爸爸说：没关系啊，你对人好，是因为当时你真的觉得对方好。如果后来对方是虚情假意也没关系，我们只

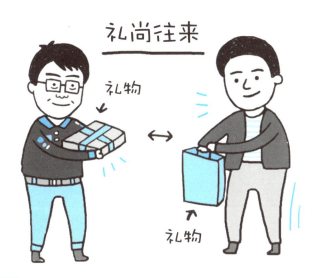

是少了一个'原本以为'可以共度人生旅程的好朋友，至少我们问心无愧，对吧？"

儿子听了说："哇，原来妈妈这么有智慧啊。"

我回："嗯嗯。而且是很有智慧的女（老虎）哟，哈哈哈……"

"于是爸爸持续做着自己认为对的事：不贪别人的钱、永远让对方多赚一点、别拿走桌上每一块钱、'凡事留一线，日后好相见'……

这些其实都是爸爸相信'世上的钱超级多，想赚就能赚到，而且永远赚不完'的观念下的衍生物。做着做着，我也没有特别期待将来会有多好的运气发生，只是顺着自己的价值观走下去，奇妙的事情发生了……

"例如，以前爸爸创业 AZBOX 破产时，自己将所有对外债务数千万元一人扛下，正常情况下是依照持股比例一起承担所有对外债务

的。爸爸为了感谢当初这些股东相信我，所以不想让投资我的人再扛下这些债务，我就一个人通通吃下来了。

"两年后我将破产公司卖给日本人，卖的钱又通通按比例分给两年前的股东。其实根本就不用再给这些股东，我只是想让当年投资我亏钱的人少亏一点；之后连续几年，每年过年我都找了不同的名目又送了几笔钱给不同的股东。

"八年后，爸爸意外成为一家上柜公司[1]的独立董事，因为当年的一个供应商朋友觉得商场上怎么还有这么诚信的人，所以他们公司申请上柜时，特地来台北找爸爸，邀请我入股公司，当他们的独立董事。

"你看！这是不是因为爸爸的金钱观带来的好运气？

"还有一次，因为某些因素，爸爸答应免费帮 XDite 姐姐进行一

对一的培训师特训（简称'TTT'，Train the Trainer），因为我不想教了，而她又是一个天才，所以我想把我的东西传给她。结果 XDite 姐姐刚一上课，就拿了一大包的红包给我。"

---

1 上柜公司，指已公开发行股票但未上市而仅于柜台买卖中心买卖股票的公司。上柜公司与上市公司相比，前者地位相对低一些。

　　儿子马上打断我追问："有多少？　3 万？　5 万？　"

　　我回："应该不是 50 万就是 100 万。"

　　"但爸爸一毛钱都没拿，直接退给 XDite，因为当初爸爸是答应免费帮她上课的。结果我因此和大陆市场结缘，在 XDite 的引见下，爸爸与中国比特币首富李笑来成了生意往来的朋友。

　　"接着，和比特币首富谈合作时，谈好的 XY 分成方式，爸爸比

较多，对方比较少。我就跟李笑来先生说：没关系，钱永远都赚不完，将来合作机会多的是，我看一人一半好了。爸爸多给他们团队的部分，可以买下男人梦想的任何一台车哟。

　　"然后爸爸也莫名奇妙多了很多大陆的投资机会，而且都是很正派的学员主动找爸爸投资的。你看：是不是又是因为爸爸的价值观，最后无心插柳带来了好运气。

"一样的情况也发生在台湾的学员身上，爸爸在台湾也多了很多不可思议的投资机会，例如有好几家上市公司老板找爸爸合资新项目……不过爸爸的钱不太够。

"然后，为了让学员好好学会财报，在北京，爸爸私下拿了一笔不小数目的钱给学生，对那个学生说：我相信你，你就去做吧，所有的钱我来出，但你要省着用。做成我们一人一半，没做成，所有损失

都算我的。几年后，不小心就变成一家北京软件公司，爸爸将来有可能因为这家公司就提前退休了，哈哈哈……

"还有和新竹的 Tracy 阿姨合作也是一样，有时她急着服务客户，没有特别估算成本，结果有些案子没赚到钱。

"我说没关系，你亏的，我们一人一半。因为爸爸后来为了让学生学会某项技能，加了太多太多的教具费用，Tracy 阿姨没有一点抱

怨，大家只想把专案做到完美，所以最后可能没有赚到什么钱。在台湾应该也没有讲师会把讲师费拿出来贴给管理顾问公司的，爸爸却做了很多次；也很少有管理顾问公司有像 Tracy 阿姨一样的工作态度，不管成本只想把事情做到完美的。

"所以我们后来成为可以一起做大事的好朋友。还有出版社朋友之前说刚好缺一个大金额的年度销售目标，爸爸请团队放下手上的工

作，帮忙他们达标，然后我们就变成超级好朋友。过了一段时间，没想到轮到爸爸在大陆的出版过程中遇到不少问题，她们第一时间就帮爸爸的团队全部搞定了，你看这是不是又是价值观带来的好运气。

"还有装潢的时候，爸爸妈妈贴钱给设计师的事、我们换房子的事、我们卖房子的事……还有你之前知道的其他故事。

"这一切的一切，不是为了沽名钓誉，只是爸爸妈妈选择做自己，

追随自己的价值观，然后好运就一个一个过来了。所以啊，儿子，你要学着用不贪钱的傻劲打造自己的幸运人生。

"过程中，会出现很多坏人或是不对的人，以后爸爸再教你如何分辨人生或商场中的好人与坏人。遇到好人就代表我们运气好；遇到不好的人也没关系，本来就会出现一定数量的坏人，如果没有坏人的坏，我们可能也看不出好人的好。

"就像我们打牌的时候，不可能 AKQJ 这 16 张好牌都在我们手上，我们手上分到的牌一定会有 3456 这种小牌。

"要记住，你的金钱价值观就像一个大磁铁，会不断地吸引跟你同类型的人过来协助你。你看爸爸身边有哪些和爸爸有一样金钱价值观的人？"

儿子回："如果爸爸再次跌倒，一定会出手出钱协助你的有廖叔叔、光龙叔叔、福哥 uncle、Tracy 阿姨、XDite 姐姐、小甜姐姐……
应该还有很多很多人。"

我回："嗯嗯。不过等一下……你刚才前面说的怪怪的？！再跌
倒？！爸爸现在越来越保守，也很低调，不再出现在公开场合了，大
部分时间在潜水、骑自行车、玩铁人三项，绝对不会再发生大头症跌
倒的事故了啊！你这个臭小子，别跑！"

父子俩你追我跑，继续未完的铁人三项自主训练。

避免职场上的
白目行为

◇ 己所不欲，勿施于人

◇ 珍惜公司的每一块钱与客户交付你的每一块钱

◇ TEAM=Together Everyone Achieves More!

前一阵子兄妹在斗嘴，儿子被我们念了几句，没想到妹妹在旁边跟着一直数落儿子的不是，随即被我制止。

隔天，等兄妹俩情绪平复后，我很慎重地告诉他们："以后千万不要这么白目¹，尤其当一个人在盛怒的时候，千万不要在旁边添油加醋，这种白目行为在职场上是很伤自己的啊。"

然后在一次家庭旅游中，我特别在车上和小朋友聊了职场常见的

白目事件，希望从小就让他们有这种敏感度，以后可以最大限度地避免自己做出这些不合宜的行为。

---

1 白目，形容说话不留心眼，经常脱口而出而伤害朋友的人。由于此类人经常会遭人白眼，于是以"白目"称呼之。

因为之前做业务的关系，与客户合作的案子动辄数亿到数十亿，所以我们常常有机会进出非常高级的场所点餐招待客户。

我问儿子："如果餐厅有四种高级料理套餐可以选，身为业务的你会选哪一种？2680元、4680元、6680元与8880元？"

儿子回："我应该会选2680或4680中的一种。"

我回："很棒！没错，应该要选比较便宜或中间价位的那种。平

常就要有一个非常好的习惯：要把公司的钱当作自己的钱，小心地花用，因为我们的所作所为老板都看在眼里。"

在职场上，会看到很多人没有这种意识：公司的设备随意放置忘了收起来，价值数百万的设备一直开机忘了关，投影仪随意开关烧坏灯泡很多次……

接着，我顺便教儿子业务的用餐商业礼仪。

实务上不是每一回都要到这种高级餐厅用餐，应该要先看我们与客户订单的大小。如果客户的订单只有几百万，我们的毛利率又很低，双方的人数相加常常超过五六人，到这种餐厅用餐事实上是不合宜的。金额比较小的订单，应该站在公司的立场，去人均 500 到 1000 元的餐厅就非常合宜又不失礼。

再就是点餐前，先等老板或是客户点完后，再点自己的餐点；如

果老板或客户点的是价位比较低的餐点，我们就不应该点比老板更高价位的。我常常遇到"猪头"的业务，难得到这种高级餐厅，居然自己很 high（尽情、疯狂）地就点了最贵的那种套餐。我猜他们心里想的是：哇！难得来这种餐厅，又是公司出钱，不点白不点！

爸爸也曾经遇到不少业务，订单金额只有几百万，一餐下来居然点了好几瓶几万块的酒、一整桌台湾首富等级的餐宴，或是餐后去

KTV 唱歌续摊[1]两三次，这就是业务的白目。

遇上会做出这种事情的人，一定要尽量跟他保持距离，因为在爸爸的有限经验中，后来这种人都变得非常市侩，为了小小的利益会与团队钩心斗角；在价值观偏颇的情况下，遇到利诱时容易把持不住捅出大娄子，最后被公司开除。

儿子，如果你将来进入社会，一定要**珍惜公司的每一块钱与客户**

COMPANY　　CLIENT

珍惜公司与客户交付你的
每一块钱

交付你的每一块钱，把它用到极致，而不是利用公事之便，顺便捞油水。这种小钱只会让自己的格调与眼界越变越低，这样搞，将来是不会变得很有钱的。爸爸希望你以后不要去拿这种钱，或是这种自创的

1　续摊，台湾地区方言，意为聚会后继续换地方吃喝或者玩乐。

偏门福利，君子取财有道，有些钱要忍住不要碰！

如果以后你真想赚大钱，回来找爸爸，我来教你一些不错的国际销售技巧。

但是，如果你没有开口问，爸爸是不会教你的喔！

儿子回："嗯，我知道了。"

我问儿子："你觉得还有哪些白目的情况，在职场很不受欢迎？"

儿子回："像妹妹那样爱告状。"

妹妹在车上秒回："我哪有啊！"

我回："没错！这种爱告状真的不好，妹妹年纪还小，我们会慢慢引导她。"

妹妹在一旁嘟着嘴巴。

我继续说："在职场上这种爱告状的人非常不受欢迎，不过每个人在成长的过程中，多多少少都会有这种行为。

"一定要记得，如果你很讨厌某个行为，自己也千万不要做出那种行为！

"只要保持这种信念，己所不欲，勿施于人，将来的你们就不会做出这些事情了。

"如果真的看到一些不理想的地方，可以在没有别人的情况下，

礼貌小声地说出想法及建议

很礼貌地小声告诉当事人你的想法与建议就好。但不能把自己当圣人或警察叔叔，不要期待每个人听到你的建议就会改变，知道吗？而且我们自己也不是每一件事都很专精，不要天天地想改变每个人。"

兄妹难得合声回应："知道了。"

我接着分享说："职场还有一种很特别的人，看到公司或团队有很多问题，平常都不愿意说，开会时也不提出来，等事情真的发生时，

才在旁边幸灾乐祸地附和说：你看吧！我就知道，我早就知道会发生这种事！

"这种人，你也要保持警觉，将来你有机会带团队，绝对不能让团队有这种人存在，因为团队的存在就是解决问题，不是来旁观看戏的。"

儿子问："我怎么知道他们是哪种人？"

我回："我也不知道！但是只要时间一拉长，真的假不了，假的真不了，你只要在旁边静静地观察一段时间，就会知道每个人的人品与人格了。

"将来每个人都有机会成为某个团队的领导人，不管是有职权的还是任务编组的，所以你现在可以慢慢思考：如果将来公司有机会让你组一个团队打江山或执行一项专案，你应该要找什么的人才来组建你的团队，或是应该用什么方式带领你的团队？

"其实爸爸也没有标准答案！因为领导带领的是人，人都有情绪，有时偏心想利己，有时又有大爱想利他的复杂性格，所以领导的方式没有标准答案。领导是一种做人做事的艺术！"

"在你的人生成长过程中，你一定要带着这些问题——什么样的人才，我会想跟他共事？如果我带领他们，应该怎么做才会比较好？

慢慢地，你就会找到属于自己的方法。如果你心中没有放这个问题，将来的你就不会特别注意这些事情了。"

我问儿子："你还记得爸爸常常问你什么是 TEAM 吗？"

儿子回："嗯，就是那四个英文字。"

我问："是哪些英文字组成的？"

儿子忘记了，答不出来。

我告诉他："是 Together，Everyone，Achieves，More！

"T.E.A.M！

"就像非洲的一句俚语：**一个人走得快，一群人走得远。**

"爸爸希望将来你能够有机会组建自己的团队，走出你自己想要的人生。能和自己价值观相同的人一起打天下，真的是人生的一大享受啊！"

我问儿子："你有没有想过，其实你可以把自己的妹妹当作团队小成员来带领哦！"

儿子回："不会吧！我可以换人吗？"

哈哈哈……

五个圈圈的
逻辑思考方式

◇ 兴趣很重要，但不能只看这个

◇ 弄清楚自己的强弱项

◇ 适时追随你的初心

　　每一年年底，我习惯带着家人到我们的秘密花园（东北角）度假几天。因为冬天东北季风天气湿冷没有地方去，在那个地方度假，便多了很多可以聊天交流的家庭时光。

　　有一年刚好是儿子初中三年级的时候，父子聊着聊着，聊到未来的人生梦想与职业规划。

　　我问儿子："如果你现在长大了，自己可以完全做主决定想做些什

么，你会选择做什么事情？"

　　儿子回："应该会去当电竞选手，或是自行车选手！"

　　我回："很棒啊！这个选择不错。但是你有没有想过，这两个工作的生命周期很短喔？通常能拿到区域或世界冠军，也只有三到五年的光景，然后就会被其他更有天分的选手赶上。即使你拿到世界杯的冠军，奖金也只有几百万元。

　　"这可能是你好几年的总收入，因为你不一定每次都能拿到冠军。如果是三四年才拿到一次冠军，代表你的月薪可能也只有 22K，甚至更低哦！到时候你怎么解决生活上的温饱问题？还是你为了兴趣，能像古代的颜回一样：一箪食，一瓢饮，回也不改其志？

　　"另外，你想要从事这种工作时，就要开始建立雷打不动的意志力，因为这两份工作都需要长时间冲刺与自我训练准备，自制力要很

高才能做到顶峰喔。"

　　儿子想了想："好像是耶，我的自制力没那么强，可能撑不了这么久。我看还是把这两个选项当作兴趣好了。"

　　我又问："除了这两个，还有其他想法吗？"

　　儿子回："那我去当自行车教练，或是去自行车公司上班当 R&D[1]好了。"

　　我回："这个想法也不错啊。不过我很好奇，你选择的东西怎么一直都跟自行车相关？"

　　儿子回："因为我很喜欢自行车啊。"

　　我回："嗯嗯，在做人生重大职业选择的时候，兴趣真的很重要，

但不能只看这个喔。"

　　儿子问："为什么用兴趣来选择自己的未来不好？"

　　我回："因为兴趣是一时的，**而且在人生不同的阶段，兴趣都会一**

1　R&D，即研发。

直改变。爸爸以前很喜欢打乒乓球、棒球（爸爸还是投手喔）、橄榄球、高尔夫球……为了这些球类，爸爸可以一大早就出门去参加或是去比赛。结果这几年，你看到爸爸玩这些东西吗？没有！因为爸爸后来更喜欢潜水、骑自行车还有铁人三项活动，因为人生不同的阶段会有不同的兴趣。

"当然，如果兴趣能够跟用来维持生计的职业结合，是最完美的

弄清楚自己的强弱项，先多方面学习

选择，不过除了自己要非常努力，还需要很多运气与贵人相助，才有机会遇到！"

儿子问："那应该要怎么选择自己的未来才比较好？"

我回："其实这没有标准答案，爸爸教你的很多东西，只是帮助你思考，你千万不能依样画葫芦啊。因为我不想你跟我走一样的路线，除非你真的非常喜欢。爸爸希望你们都能走出属于自己的精彩人生。

"你念幼儿园的时候，曾经想跟我一样当个超级业务；念小学时想过要'接我的公司'。但我相信这些都不是你真正喜欢的，所以不要一直照抄爸爸喔！自己要**弄清楚自己的强弱项**，**先多方面学习**，然后开始慢慢寻找自己想要什么样的人生。

"这项人生探寻之旅需要你不时地自问自答，这个题目只有你自己能够解答。"

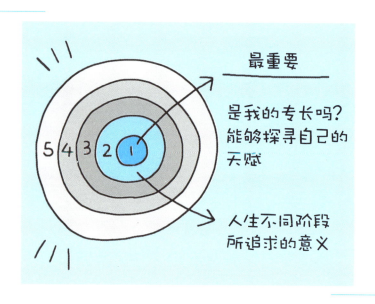

儿子回："我知道了！"（内心 OS：我也不想跟你一样啊！）

我回："知道就好！在做重大人生决策时，爸爸会用五个圈圈的逻辑思考方式，由内而外，最里面的圈圈最重要！"

● **第一个圈圈（内圈）**：这件事是我的专长吗？我能发挥所长吗？还是在我人生迷茫时，能够帮助我探寻自己的天赋？

● **第二个圈圈**：这件事对我的人生有意义吗？对我想要去的方向

有帮助吗？人生阶段不同，追求的意义也不同，你要适时地追问自己的初心。

- ● **第三个圈圈**：我做这件事快乐吗？
- ● **第四个圈圈**：这件事合法吗？如果违法，就不要去做！
- ● **第五个圈圈**：做这件事会伤害你身边最好的朋友吗？如果是的话，可能代表这不是一件好的事。

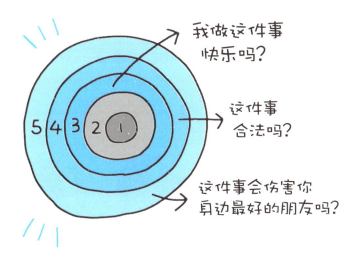

爸爸的第一份工作是做财会人员，只符合第一个圈圈，其他圈圈都没有满足，所以爸爸只做了一年多就离开了。

第二份工作是做业务，一开始也只符合前两个圈圈，因为我做得不快乐。但我要求自己一定要做到公司前几名的 Top Sales（高级销售人员）才离开——还记得爸爸跟你分享过，没有试过 500 次没有资格放弃的故事吗？结果做着做着，做出兴趣来了（满足了第三个圈圈），然后就变成销售领域的高手。在爸爸后来的几次创业过程中，这个技能发挥了关键的"活下来"作用。

现在爸爸是上市企业的职业财报讲师（刚好有点天赋，符合第一个圈圈）。其实我不是很喜欢教书，会一直留下来教书的原因，是每次上完课后看到同学对人生充满希望的眼神，我觉得我在做一件对的事（第二个圈圈），所以我和团队做得很快乐（第三个圈圈）。如果第

二与第三个圈圈有一天消失了，爸爸可能就会停止教书，带团队去做些别的事情了，因为我还有很多会赚钱的其他能力可以发挥。

第五个圈圈是爸爸自我的龟毛人生价值观要求，因为爸爸一直相信钱是赚不完的，如果你真的很强，走到哪里应该都不会差。所以爸爸转行卖过主机板、监控系统、中型 SI 设备系统、笔记本电脑、MP3、军工产品、美妆 AZBOX 及成人教育培训行业……

我问儿子："你知道为什么爸爸跨的领域这么多吗？"

儿子回："我不知道，我觉得有可能是你喜新厌旧？"

我回应："不是啊！一般业务离开的时候都会开一家跟前东家一模一样的公司，然后把客户名单带走。

"爸爸重义气，所以离开的时候故意选跟老东家完全不一样的行业避免冲突，宁可一切从头开始，也不要伤到老朋友。这也是爸爸离

开职场之后，还能够跟老东家的董事长或总经理保持友好关系的最大原因。

"我原本只是按照自己的价值观做事（有点利他损己），结果走着走着，这些跨领域带来的新视野，却帮助我成就了之后的每一项新事业。

"儿子你看！有时候人生就是这样，只要追随你的初心，不特别

去追求某项东西，走着走着你就得到了你想象不到的东西。人生的每一步都不会白走，所以爸爸希望你以后能够善用这五个圈圈，做出自己人生的重要选择。"

我问儿子："现在，你的脑中有没有什么职业可能符合这五个圈圈？"

儿子回："有喔有喔！我想到了！"

我问："是什么？"

儿子回："就是去开一家像捷安特一样厉害的自行车店！"

我回："呵呵呵……"

给孩子的第十五堂

商业思维课

真正的高手做的是
供需之间的协调

◇ 这辈子能和单一客户成交几次就很棒了

◇ 销售过程中最困难的是"信任"

◇ 用长远的眼光经营客户

2018 年家中变化最大的就是：我们临时起意决定搬家，从台北搬到桃园来。为了布置新家，连续好几个月，每天下课后，我们带着儿子女儿到处看家具。有一次到单价比较贵的家具店，迎面而来的珠光宝气的业务脸色比较特别，似乎感觉我们可能买不起……于是匆匆看完之后，我们就结束了这家店的购买欲望。

回到车上后，儿子问："为什么这么急着离开呢？我们不是要买家

具吗？"

我回："因为对方的业务比较 low（低级），看高不看低，只看表面的衣着，爸爸不要把业绩给她，所以很礼貌地看了一下就离开。这个业务还好，以前爸爸妈妈买房的时候，还有业务跟我们说：我们这里的房子很贵喔，你们要不要先看看 DM 就好？"

儿子回："对耶，我常常陪你们买东西，偶尔也会看到这种很奇怪

的业务。我心里也在想，这些业务怎么知道客户一定没什么钱，为什么这些业务前辈都这么短视呢？"

我回："因为大家看时间的角度不太一样。"

初阶的业务，只想今天或这个礼拜就成交！

中阶的业务，想的是至少今年要想办法成交！

高阶的业务，想的是如果这辈子能和单一客户成交几次就很

棒了！

因为大家看事情的角度不一样，表现出的销售技巧也就完全不同。

我趁着机会对儿子教育："以后你在职场上，也要记得用长远的眼光来看自己的一辈子。"

儿子说："长远的眼光来看一辈子？什么意思？"

我回："你想想看，每个人刚进入社会的时候薪水都非常低，如果你不去抱怨：这个鬼岛里面的某某公司怎么给我的薪水这么低，而且我刚进入社会没有人教我，公司也没有完善的制度……而是用爸爸教你的各种方法不断去尝试：抬着头（不要低头苦干而忽略局势的发展）跟高手学习，然后要求自己试过 500 次之后才能放弃……这样子不出几年，你就会越来越强，年薪 100 万应该不是什么大问题。你看

爸爸的小公司两岸团队的平均年薪，都超过这个数字。"

"你觉得如果照着爸爸的方法去做，努力打拼几年之后，你自己有没有机会？"

儿子回："应该有。"

我回："不是应该有，而是有非常高的机会能拿到这个数字的年薪！不用怕啊！你对自己要有信心一点！

"你看，假如 25 岁工作到 65 岁退休，这段时间总共 40 年，年薪平均 100 万，就代表你在职业生涯里面你的保底薪水就有 4000 万。你自己加上你未来的老婆，两个人相加，一辈子就是 8000 万的基本财富。接下来你要学习的事，就是聪明地运用这些基本的财富，帮你创造更稳健的收入。这样你知道了吗，儿子？

"所以，当你相信自己至少有 4000 万收入，用这种心态来看你的

工作时，你就会知道你应该专注于自己的能力提升，以及团队绩效的引导和客户的终身服务，而不是天天想着何时能加薪一两千块。"

儿子回："我知道了。"

我追问："那你有没有发现一般的业务与厉害的业务差异在哪里？"

儿子回："就是爸爸刚才说的时间观念啊。"

我回："嗯嗯！孺子可教啊！没错！一般的业务因为不晓得方法，所以非常急切地想要拿到订单；因为心里非常着急，所以他的应对进退都非常粗糙，单刀直入，没有礼貌。事实上，真正的有钱人都是有洁癖的，不会跟这种人买东西。"

儿子回："这是不是爸爸常常说的，'没钱的时候叫龟毛，有钱的时候叫品位'？"

我回："呵呵呵。嗯嗯。你想想看，今年年初我们经过桃园遇到的住商不动产业务 Michael 的儿子，他就是爸爸口中所说的超级业务。你觉得这位大儿子怎么样？"

儿子回："他穿着得很得体，干干净净的，话不多，而且开着名车……"

我回："不是这个啦！外行人看的是热闹（表面），高手看的是门道（细节）。你仔细回想 Michael 的儿子第一次带我们看第一间房子（是我们自己在网路上选择的物件）的时候，爸爸妈妈一进门就说，这间房子阳台好小，室内面积也跟我们台北差不多，似乎没必要为了这间房子搬到比较乡间的桃园地区。

"你还记得 Michael 的儿子怎么回应吗？"

儿子回："我不记得了，我只知道我们跑来跑去的。"

我回："他不像一般的业务，见招拆招，然后自己一直说话，一直推荐这个物件。他只是问：你们需要多大的房子？需要什么样的视野？需要什么样的阳台？房间的需要是如何？

"我们回答我们的想法之后，他就说：'如果是这样的话，现在这个物件可能不适合你们……但是我手上有另一个物件很符合你们的需求，你们应该会很喜欢。除此之外，我也会再帮你找找看是否还有其他物件适合你们，如果有进一步消息会随时跟你联络。'"

"儿子你听懂了吗？**真正的高手做的就是供需之间的协调**，如果自己的产品真的不符合对方的需求，他会主动自己喊停，协助客户去找更适合的产品，或是推荐他觉得更适合的竞争者产品给客户。

"这个做法就跟爸爸在企业界的时候一样，有时候我们公司的产品真的非常不好，爸爸都不好意思推荐给他，于是就转介给其他更厉

害的同业甚至是竞争对手。没想到隔了几个月之后，客户就转单回来给爸爸——因为他觉得爸爸比较靠谱、信得过，案子交到我手上的话，我肯定会使出吃奶的力量帮他排除万难搞定所有的难题。那个 Michael 的儿子就是这种超级业务。"

儿子回："嗯嗯，我知道了！难怪我发现他的话很少，每次开口都是在询问爸爸妈妈不同的问题，好像是在确认我们的各项需求，他才

会提供他的专业建议。"

我回："对对对！真正的业务高手十句话里面，会有七八个问题（提问），只会讲两三句自己公司或产品的话。而一般比较菜的业务十句话里面，有十一句话都是在说自己或自己的产品棒棒棒……当然，你要记住客户所有的回答，不能重复询问同样的问题，免得让客人觉得你不够用心、不够专业。

了解客户需求再给专业建议

"所以，好的业务都会提很多跟客户需求直接或间接的问题，就是想要深入了解客户的需求，然后才能拿出符合客户需求的产品。

"也因为这样，他们不太在意当下是否能成交，而是希望帮助这个客户做出对自己较佳的选择。**越不在乎业绩的他们，反而是业绩越好的超级业务！**

"还有，你还记得我们搬过来之后，才发现学区有问题的事情吗？事实上房子已经成交一两个月了，Michael 的儿子大可以不用理我们，但他还是帮我们逐一打听与询问学校总额管制状况的，然后告诉我们他认识的客户朋友们是如何处理因应这样的情况。这样的贴心做法深深赢得了我们的信任，后来我们也介绍了好几个朋友给他当客户。

"之后整个区域的后续发展，不管是多开了一家银行、多开了一

家大型商场和咖啡馆，或是政府又在这个区域投了多少钱，以及最近有什么大型的文艺活动在举行，他都一一地私下通知我们。

"交房之后，我们又发现很多小地方有问题需要协助。因为我们还没有正式搬过来，爸爸又常在境外，好几次都是 Michael 的儿子帮我们递送文件，或是主动向社区申请各项手续。

"正式搬进来后，配合民间风俗要去土地公庙拜拜，没想到附近

有好几个土地公庙，我们不知道要去哪一个，结果也是 Michael 的儿子帮我们打听并安排相关事宜……"

我问儿子："你有没有发现，Michael 的儿子后来做的事，都跟买卖房子一点都没关系？而且我们已经成交好几个月了？"

儿子回："对啊！好像做过头了，他太老实了吧。"

我回："这样的做法才是正确的啊！因为销售过程中最困难的就是

'信任'。这些点滴的小事情，积累出我们对他的信任，所以后来我们才会这么相信他，还介绍了好几个朋友在这附近看房子。

"所以呀，你在 Michael 的儿子身上学到了超级业务的什么特质？"

儿子回："应该是以客为尊与用心服务。"

我回："很不错啊！你看到了一些重点，但爸爸看的不太一样，我看到超级业务身上的三个特征。"

超级业务的特征①：用长远的眼光来经营客户

业务高手看的是客户一辈子的价值，而不是单次成交的金额。唯有观念正确，才会做出合宜得体的销售行为。

还记得你一辈子至少有 4000 万身家的事吗？那你还会计较一年

是否能加薪 1000 元或 2000 元吗？先把所有心力放在如何将自己变强大，如果努力做出成果后，老板还是超级小气没给你加薪，你再带着这种更强大的能力转到其他公司服务就可以了。

超级业务的特征②：多问问题了解客户需求，不是一直强迫说服客户

好的业务永远会记住这三个英文单字：A-S-K。

A 代表 Ask；

S 代表 Simply Ask；

K 代表 Keep Asking……

（儿子听了哈哈大笑。）

因为客户通常不会告诉我们所有需求的细节，所以我们要训练自己询问的技巧，来帮客户与公司做出更好的供需专业建议。

儿子回："那我怎么知道什么是好的问题，什么又是坏的问题呢？"

我回："你问的问题真好！我给你的建议就是：

Ask ！ Simply Ask and Keep Asking ！"

"反正问就对了，然后提醒自己保持礼貌与真诚的询问即可，除了宗教、政治与个人私密问题不能问，什么问题都可以试着问。问了之后，如果客户给你脸色看，或是面有难色，就代表它是个蠢问题，下次就别问了。

"等你被客户'修理'了 100 次之后，你就知道什么是可以问与

不可问的问题了，然后列出最合宜的 100 个问题，你就有可能成为一位优秀的业务人员了。"

超级业务的特征③：珍惜每一组遇到的客人

只要用心去经营，不要强迫销售，时间一久，你就会有超级多的客户。

儿子问："怎么可能啊？我搞不好还没有做出业绩就被开除了……"

我说："很有可能啊，但是别忘了，**要用长远的眼光来看销售**这件事。儿子你有没有发现：在你人生的不同阶段，如果你都能有一两位好朋友，就代表你已经是一位销售高手了，因为你已经将自己的价值观或你的人格特质销售出去了。

珍惜每一组遇到的客人

COUPLE　　FAMILY　　SINGLE

"高手销售的是空气！卖的是人与人之间很难取得的一种'信任'。

"你想想看，假设一个业务在正常情况下一天有五组客人，一年工作 200 天，代表一年有 1000 组客人，好好工作 10 年之后，至少有 10000 组客人。

"那为什么之后每个人的成就完全不同呢？因为初级的业务员非

常急躁，想要立马成交，连哄带骗就是要你签单，你觉得客户对他的信任度高吗？"

儿子回："对啊，我也很讨厌这种业务员，我觉得信任度可能只有 1%。"

我回："刚才提到，工作 10 年之后至少会有 10000 组客人，乘上信任度 1%，至少就能成交 100 次订单。平均一年只有 10 次订单，所

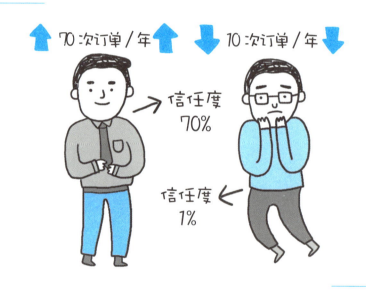

以他一直是处于搞不清楚状况的业务老鸟。

"另外一种业务是把时间拉长，用心经营客户，不强迫销售，一切销售都是水到渠成的过程。这种好的业务，一般客户对他们的信任度常常高达 70%。

"10000 组客人，乘上信任度 70%，等于 700 次订单。

"有没有发现，你越不在乎业绩，反而得到越多业绩，业绩是那

些业务老鸟的七倍？"

儿子回："可那是遇到你们这种好客户啊！万一遇到很烂的客户，一直骗我们业务的资源怎么办？"

我回："这个很正常啊，一定会有很不好的人出现。

"你要接受社会就是好坏参半，一种米养百种人，不会每个人的运气都那么好，都让你遇到好人。等遇到几个很差的客户之后，你就

知道该做些什么事情：就是快刀斩乱麻！跟对方说谢谢，然后停止服务！因为我们不是艺人，没办法让每个人都满意，只能服务值得服务的客人。"

30 岁以前最好不要有太多成功的经验

◇ 蹲马步练好基础

◇ 孤独打出一片天，但不要孤僻抱怨过一生

◇ 赚不赚钱的商业模式分析能力

连续假期快结束时，女儿赶着写功课，边写边抱怨："为什么功课这么多？害我没办法很快写完。"

儿子冷不防地说了一句："你才小学啊，这些功课根本就是小意思，你看我的功课更多啊。"

两人为了谁的功课比较多，居然花了好几分钟在斗嘴……

经过几小时的努力，他们终于写好功课。等儿子把课本归位后，

我拉着儿子问："刚才你和妹妹在斗嘴时（儿子立马纠正我说：我们只是在讨论！！），有没有发现，小学的功课超级简单啊？"

儿子回："对啊，一下子就可以写完了，妹妹还一直念，很呆啊，念的时间早就可以写完了啊！"

我回："那是因为你长大了啊。以前你在小学时写功课也是写到天昏地暗，每次都花好几个小时。"

儿子回："不是吧！我应该写得比妹妹快才是啊……"

我回："最好是啦！从小学、初中到现在的高中，写功课这件事你学到什么？"

儿子回："就是小时候觉得比登天还难的事情，现在回过头来看根本是超级简单。"

我回："对啊！因为人的潜力无穷啊！关关难过，关关过。

"过了这个难关之后，回头看，原本以为很难的事情根本就不难。"

我借机对儿子教育："2017 年诺贝尔经济学奖得主的心理学家理查德·泰勒（Richard Thaler）也做过研究，人们对待损失与困境时的恐惧，会比赚钱与顺境时放大到 2.75 倍。也就是说，**在面对有 1 倍困难的情况时，我们的内心会自己给它放大变成 2.75 倍的困难，然后**

自己吓死自己。

"所以，你以后不要害怕问题。反正一步一步来，做大部分解；原本想用三个步骤做好的，可以改成 30 个步骤去做，用分解的方式把困难度降低。一天做一点，花长一点的时间，最后都可以完成的。

"而且，等你真正进入职场后，就会发现：老板交代你的工作，通常 90% 都是你以前没做过的事情，所以你一定要有'兵来将挡，水

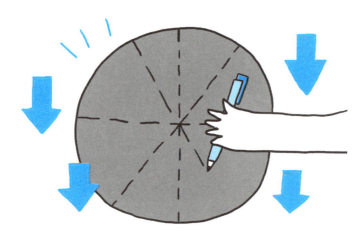

用分解的方式把困难度降低

来土掩'的做事气度！再难的事我也可以搞定！知道了吗，儿子？"

儿子先回"知道了"，然后又问我："爸爸，创业难不难？每次都要从零开始，无中生有，我感觉好难啊！你怎么这么喜欢创业？！而且失败了这么多次，还一直想创业？"

这个突来的问题让我愣了一下。我心里 OS：问问题就好好问，干吗学你老爸，要吐槽别人的痛啊……

"失败了这么多次怎么还想要一直创业" XD。

我回："因为爸爸想试试看自己有多大能耐。我一直想创建属于自己的百亿级中小企业。爸爸在国际市场的销售职业生涯中，一台机器一台机器地卖，卖了数百亿元，过程中很有成就感，其实都是在帮外国人打工（OEM/ODM）。等你大一点就会知道，其实外国人在很多言行举止间是看不起亚洲人的，也因为在国际市场上，我隐隐约约地察

觉到有被歧视的感觉后，我们客家人硬颈的精神就被激发出来了。所以爸爸一直想试试，如果没有大公司或上市公司主管的光环，我自己白手起家，MJ 能有多大能耐？所以做着做着，就创业了好几次……哈哈哈……

"有时候，就是一种不认输的意志力，让爸爸走到现在的位置。（再次机会教育）没试过 500 次别轻言放弃哟。"

儿子回："好啦好啦，我知道啦。"

他一副老人到底要碎念几次的模样。

儿子问："这么多次创业经验中，爸爸印象最深刻的是哪一个？"

我回："是和几个博士高手合作的自有品牌 PVR（Personal Video Recorder，个人录像机）的时候印象最深刻，因为第一次有团队的感觉，而且是强强联手，做得很爽快。他们负责研发与生产，我负责组

建团队与销售，不到六个月就成功接到全球前几大公司的订单，让公司可以损益两平（不赚不赔），立于不败之地。我本来想说，再拼个两三年应该就可以赚到几个亿，然后就退休……"

儿子问："做得那么好，后来干吗离开了呢？"

我回："因为少年得志啊！**太早成功，就会以为成功是理所当然**，觉得自己非常了不起，然后我就变成大头症，没多久也发现别人的头

又比我大一点……很多大头症的人在一起，大家的头越来越大，接着内部沟通也出了问题。过了一年多，爸爸就决定不玩了，散伙了。

"所以爸爸不太希望你太早成功！最好 30 岁以前都不要成功，先让社会与市场打击你（练身体与练心理素质），等你身体与心理状态成熟后，再成功比较能持久啊。

"就像不愿蹲马步练好基础的人，不论遇到什么神人高手师父，

他也只能练出很像的外功，很难长久独步于武林群雄之中。"

儿子回："不要吧！如果可能，我还是想早点成功，但我会时时提醒自己不要有大头症就好了啊。"

我回："最好是啦。每个爸爸妈妈都希望自己的儿女能成功，但我希望你和你妹妹是稳健地成功，因为爸爸看过太多厉害的创业家在很短时间就成功，然后日掷万金，或者心生更大的贪念，想赚得更多

更快，然后用低价骗了股东的股份，转卖给新股东或是掏空公司的资产，最后两手空空，只剩下'二亿'：失意与回忆。"

儿子追问："烧掉最多钱的那一次，AZBOX 发生了什么事？那一次失败后，我发现爸爸很少跟外面人联络了，感觉爸爸刻意与你的朋友圈保持距离，发生了什么事吗？"

我回："儿子，你长大了啊，居然发现了爸爸的心理变化……

"爸爸后来很少与外面人联络，是因为爸爸过去将大部分时间花在朋友身上，重情义，常常出手帮朋友，也借钱给不少朋友，结果轮到我落魄没钱，到处向别人借钱时，却没人借给我。其实爸爸的内心很受伤，可能是自己做人没有自己想得那么成功，或是错估了朋友之间的情谊。

"后来我才发现，朋友之间也没有那么复杂。

"朋友就分几种：能共患难的兄弟朋友、谈得来的老朋友、商场上的朋友与点头之交的朋友。

"爸爸以前不懂事，把所有朋友都当成能够共患难的朋友，后来才发现大都是商场上的朋友与谈得来的朋友。儿子啊，你以后也要学着分辨不同的朋友，一辈子如果能交到三五个能共患难的朋友就很棒了。

"再加上，公司结束后欠了那么多钱，爸爸也没心情找朋友（当你身欠巨款，朋友都怕死你了啊），更没时间伤心，因为天天找朋友哭闹也改变不了现况，于是只能全力以赴，先想办法赚钱活下来。这一路过来，只有光龙叔叔与小甜姐姐跟着爸爸，其中小甜姐姐也曾经好几个月没领过薪水，我们是这样一路打拼下来的……所以爸爸把光龙叔叔与小甜姐姐当作家人在照顾，不论是后来爸爸开的新公司，或

是投资的新事业，爸爸都预留了一定的股份或获利给他们。

"所以那几年爸爸很少与朋友联络是这些原因——联络了也没用，不如先把自己变强再说。而且经过这么多事情后，爸爸的心脏很强大，不太需要抱团取暖，也不需要心灵疗愈陪伴。因为……你妈妈会在旁边鼓励我，把我变得强大。"

儿子问："妈妈这么厉害啊，她都怎么鼓励你？"

我回："妈妈通常会说，'你这个男人真没用，一点打击就变成这样'，哈哈哈……"

儿子脸上出现惊讶的表情（这也叫鼓励啊……他头上飞出几只鸟）。

我继续说："所以啊，儿子，如果你将来遇到人生重大关卡，要习惯一个人孤独地走过黑暗期，因为路上有朋友相伴这种事要烧三辈子的高香才可能发生。

"失败时朋友走光光是正常的，你一定要习惯，把它当作常态！你要学会**孤独打出一片天，但不要孤僻抱怨过一生**。"

儿子回："嗯嗯嗯，知道啦！"

儿子问："如果时光能倒转，回到从前你手上还有钱，爸爸还会去做 AZBOX 网路美妆的创业吗？"

我回："不会了，因为当时我没睡够啊。"

儿子问："没睡够？指的是什么？"

我回："我有五个没睡够啊。"

没睡够①：服务的客户族群（TA）不对。

当时爸爸公司服务的 TA 不对，因为体验盒一个月只要 $499，包山包海，里面有 2~3 个正品的保养或美妆品。基本上这就是一个不对的族群，一个不想花钱但想体验 A 级品牌的族群。换句话说，不管将来我的生意做得多大，这群客户只有很少比例的人会真正花钱买正品。

这就像是一个拥有寒冰掌的武林高手，去了没有鱼群的湖泊，就算一出掌把湖水全部结冰了，还是抓不到可以让他活下来的鱼。

其实爸爸都知道，但当时觉得自己很厉害，一定能打破这个魔咒。其实如果大方向错了，即使你有通天本领，也无法把没鱼的湖泊变得鱼群满满啊。就像巴菲特说的一样：**在错误的道路上奔跑是没有意义的。**

这就是爸爸第一个没睡够的原因。

儿子回："哇！老爸你真的没睡够啊！"

我回应："嗯嗯，当局者迷啊！"

没睡够②：一次打三种球

当时爸爸是看了 Birch box 与 Glama box 在美国与德国发展得很好。要做这件事需要三种能力，爸爸当时自评的状况是：

B2B 销售能力：这个爸爸很强，我给自己 90 分。

平台设计能力：我不会，所以 0 分。但我可以外包啊，所以给自己 80 分。

社群运营能力：爸爸以前管过全球销售团队，觉得自己还行，给自己 70 分。

所以，我与其他竞争者 PK 时的分数是：

B2B 销售能力：爸爸 90 分，PK 竞争者 30 分。

平台设计能力：爸爸外包 80 分，PK 竞争者 80 分。

社群运营能力：爸爸 70 分，PK 竞争者 50 分。

当时怎么看，都是我会赢，所以做出来之后，果然六个月就做到全台第一，拥有 10 万名付费会员。

其实，这是我第二个没睡够。**个体 PK 赢，不代表在商业团队战中就会赢！**

而且爸爸当时是综合能力赢，但输在看错市场的趋势上，方向上错得一塌糊涂啊！

再者，创业本来就超级难，专心做一件事就很困难了，爸爸居然自大地同时做了三件事：B2B、平台建立与社群运营。

然后，平台建立都是烧大钱的生意模式，要一直累积到数百万会员，才有机会开始赚钱。爸爸手上当时只有几千万资本，根本玩不起这种东西，但又是大头症让我觉得：别人可能不行，但我是 MJ，我做过几百亿的业绩，我！一！定！行！

唉，真是没睡够。

没睡够③：当时的生意根本无法规模化

因为美妆体验需要品牌商的商品赞助，但台湾的市场很小。2300

万人口，一半是女性，算 1200 万人好了；25~35 岁的女性是我们设定想服务的客户，就算 20% 好了，大约是 240 万人，这就是我们最大、最大能吸收到的会员数了，但我们不可能全吃下来。

品牌商也不可能为了小小的台湾市场，就提供这么多数量的样品或正品让潜在客户体验，加上品牌商自己也有专柜体验渠道，网络代购又发达，这件事基本上就赚不了钱，更无法规模化。

240 万的目标客户 ×10% 市场占有率 = 24 万人。

这样的规模是养不起一家平台公司的。后来的故事又是一样的：我是 MJ 啊，哪有不可能！呆啊……

这样就烧掉 3500 万元。

生意无法规模化

没睡够④：没有团队，只有一人高傲前行

当时我所有的团队成员，大都是 104 或是 yes123[1] 找来的，没有

---

1 104，即台湾地区最大的固网电信、数据通信及移动通信公司；yes123，是台湾地区的求职网站。

默契又都是新手菜鸟，我还得一个一个地教。

好不容易挖来的高手，又都是职业经理人，根本就不适合创业。

"职业经理人"是你要准备所有的食材给他，然后告诉他你想吃三杯鸡，他就会炒出一道好吃的三杯鸡来。

"创业家"是手上没有任何食材，也不知道市场想吃什么菜，但时间一到，就要变出一道道好吃的餐点来。

所以，这些职业经理人在我的新创团队里根本发挥不了作用，因为我们无粮、无米又无方向，通常待了三个月到六个月就走光了。

所以啊，以后创业时，如果没有和我差不多能力的人，爸爸是不会再次 All in（全进，全押）出来创业的啊。因为有团队，才有相互提醒一起奔跑的力量。

我问儿子："还记得爸爸教你的 T.E.A.M 吗？"

儿子回："Together-Everyone-Achieves-More！"

我回："你真是太棒了啊。T.E.A.M！"

没睡够⑤：别人成功我也一定能成功

后来爸爸发现，很多创业家跟我一样，都是在美国硅谷看到了一个模式，就幻想自己也能成功，直接就抄过来。

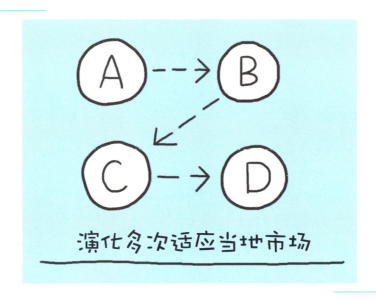

但我们忘了看到的东西，都是原团队为了适应当地市场，改了很多很多次才演化过来的。

可能是从 A 产品，改成 B 产品、C 产品，甚至由甲的商业模式，改成乙的商业模式，最后卖的是 D 产品。

可是我们在台湾，只看到 D 产品就杀进去了，没有自己原创的商业想法，或是基本的商业思维：

●我们根本没有用心去思考，市场到底需不需要我们？

●我们存在的目的是什么？

●我们提供的产品或服务能解决目前客户遇到的难点、痛点吗？

●这市场能规模化吗？凭什么能规模化？

●我们真的觉得市场会越做越大，还是只会越做越小到特殊的利基（niche，商机）市场？

●如果一切顺利会演变成什么模式？

●如果一切变得不顺利，别人会持续花钱买我们的产品或服务吗？为什么？

●手上的钱能撑到市场规模化吗？手上的资源能等到春暖花开时吗？

创业大不易，在做 AZBOX 时，爸爸有太多没睡够的地方啊。

领先市场一步，叫先驱。

领先市场一年，叫先烈！

所以啊，如果时光倒流，爸爸不会再去做这个事业。

儿子回："爸爸你看，现在快十一点了。你要不要先去睡觉？"

我问："怎么了？"

儿子回："因为你在 AZBOX 创业时，真的好像没睡够啊，赶快去

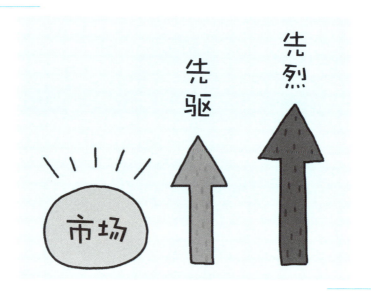

睡觉睡够一点，我们以后再聊。"

我回："XD……教自己的儿子真的不容易啊。我要洗洗睡了。"

练习
做困难的决定

◇ 在不完美下，做出尽可能好的决定

◇ 对的事就放手去做

◇ 独立思考的能力

假日期间，只要没有家庭活动，儿子都会出去骑车；若是雨天不适合外出，他就花大把大把的时间上网研究自行车的所有新闻。有次为了参加比赛，需要升级轮框，儿子花了好几天时间，把台湾所有可能买得到的轮框一一分析了一次（真的是宅男啊）。

我问他："最后决定要买哪一款？"

儿子回："我再想想，还需要进一步分析。"

过了一周，我再追问儿子："轮框的事，考虑清楚了吗？要不要做决定？"

儿子回："还要再想想，因为我觉得应该会有新款要出来了。"

我回："Willie，有时候不需要等到完美时机或完美产品才出手啊。完美永远是大家最想要的最佳解，但真实的世界很少有完美解，通常都是在情报不确定时，就要立马做决定。

"之前不是带你去听过宪哥阿北的新书发表会吗？'人生准备40%就冲了'。你已经研究了这么多天，准备早就超过 80% 了，应该有足够的情报可以做出不错的决定。"

儿子回："我还要再想想……"

我回："你要练习做困难的决定啊！要练习在不完美下，做出尽可能好的决定就可以。

"将来哪一天发现错了，就承认自己错了，然后改进就可以。"

我问："你还记得以前爸爸公司的总经理 James 阿北吗？他就是一个做困难决定的高手。"

儿子问："怎么看得出来？"

我回："以前我们都是做大客户的生意，一年做了好几百亿。后来，利润越来越薄，大家辛苦一整年也没赚到什么钱，等于在做白工，然后几百人的团队一年下来也没什么奖金可以发。后来他发现了这个问题，决定将 90% 的员工，全部转到只有 10% 营收的军工电脑市场去。

"那时候大家骂声一片，一堆人离职，最后走了将近 30% 的老伙伴。你猜后来公司怎么样了？"

儿子回："应该业绩一落千丈，大家士气低落。"

我回："基本上是对的。但是一年后，公司赚的居然比前两年所赚的还要多！"

这个真实的故事教会爸爸两件事：

1. 不要高估自己的能力。

当时有不少"武功高强"的人胁迫公司，说如果怎样怎样，我就把整个团队带走。结果整个团队走了，公司还活得好好的。转型两年后，我也离开了；我当时要离开时，同样觉得我这个超级业务战将离开后，公司一定会这样又那样，结果什么事也没怎么样！少了一个我，公司依旧开得好好的，哈哈哈……

2. 对的事就放手去做。

即使这是一个困难的决定。我说："儿子你要想一想，原本是一年做几百亿的生意，现在要全部丢掉重来，变成一年可能只能做几十亿

的生意。你觉得公司员工会不会觉得老板脑中有瀑布？"（不是只有洞洞哟！）

儿子回："对哦！在做这种决定时，一定超级困难啊，我猜90%以上的员工都不相信那个阿北才是。"

我回："嗯嗯。结果十年后的现在回头看，他真的很厉害。一样的道理，将来你感到很迷惘时，如果你明知道继续走下去只会越来越

差，你就要当机立断做出困难的决定。知道吗？"

儿子回："我知道了。"

我回："道理大家都懂，要去做才是啊。就像你研究轮框很久了，到现在还一直做不了决定，就有点优柔寡断了。而且，我们马上就要比赛了。"

我接着说："以前老爸有一个一起工作的老员工，后来转到一家公

司工作了很多年。那家公司其中一位合伙人对他一直有成见，常常威胁他不给加薪、不给年终奖、不给升迁机会。在这种情况下，他居然还是做了好几年，有一次吃饭和我提了这件事。

"我跟他分享说：只要有人对我们有成见，我们再努力也要好几年才会改变他的想法。这样下去不是办法，你过来帮我好了，我给的薪水不会太差，奖金也不错，你自己想想。

"结果，他回去想了想，同事又对他说：'你也知道老板就是这种人，说来说去最后还不是都没事。我们同事处得这么好，没必要离开啦。

"儿子你猜，他后来做了什么决定？"

儿子回：" 他没有过来？"

我回：" 对！明明知道就是错的方向，为什么还不做决定？因为转

换跑道是一个困难的决定：由习惯的环境转到不熟悉的环境。

"更奇怪的是，我给的年薪比他之前的工作可能多几十万啊。后来隔了一年，他又来找我，我就做出困难的决定：不再录用他了。"

儿子问：" 为什么？"

我回：" 因为耳根太软，随便一个人说一句话就失去思考能力，他这种思考能力的修炼，可能无法在爸爸快速反应的团队中生存，所以

我只能婉拒他来应征。

"另外有一些企业家学员来找爸爸协助，经过几小时的讨论，他们公司的问题其实很简单：产品竞争力还可以，只是客户不对，客户习惯杀价，杀到这几年来所有的订单都是赔本的，所以公司一直亏钱。

"我问对方：'公司有多少人？一个月开销多少钱？公司手上还有

多少现金？如果没有订单，公司还能活多久？'"

对方回应："手上的现金还可以活两年。"

我说："那你就跟那些亏钱的客户说谢谢，感恩这些年他们的支持，但是案子没有赚钱，只能忍痛请他们转单。如果你们公司的产品够差异化，至少会有 20%~30% 的客户在骂完你之后，会留下来接受你的涨价。然后，你把省下来的资源与人力，拿去优化公司的产品或流程，并拜访之前不理你们或你们不理人家的客户。两年后，你的公司就会有不同的荣景。

"儿子你猜猜看，结果那些企业家叔叔去做了吗？"

儿子回："我猜应该没有。"

我回："Bingo（好极了，棒极了）！大多数人没有做，只有赵叔叔和陈阿姨这两家公司照爸爸的建议去做了。"

儿子问："明明是对的方向，为什么不去做呢？"

我回："因为突然要推掉几千万或几亿元的订单，这是一个超级困难的决定，一般人做不了这种决定。但冷静思考：继续做下去只有死路一条，而且这些订单都是有毒的订单，越吃公司体质越差，只有死路一条。

"所以啊，为了学会做出困难的决定，儿子你也要开始学会独立思考的能力。"

儿子问："什么是独立思考能力？"

我回："就是你不带个人情绪，经过理性分析做出来的思考能力。只有具备独立思考能力的人，才能做出困难的决定。"

"例如：2017 年爸爸每个月在北京上课时，每堂课台下通常有数位到数十位亿万级富翁，有时候会谈到不同的商业个案。当时很红火

的是共享单车 ofo 与 mobike，我在课堂上连续几期向数百位同学说，这生意不能做，将来会很惨，因为：

第一，没有获利模式。

第二，当地政府不让你再投资，代表这个生意不能做大，而做生意若不能规模化，基本上就是死路一条。就像你开面包店，政府说你一年只能卖 1000 个，你觉得能活吗？

　　第三，整个资本市场寒流来临，只要没有人再投钱给这些公司，这些公司就会因为烧钱过快而死得更快。"

　　当时台下所有人的眼神，传递出的信息是：老师，您也太不了解大陆市场了，这会儿共享经济这么热，怎么可能崩掉……

　　结果六个月后就出事了，一次破产了数十家类似的公司。

　　"然后是 P2P 网络金融（其实就是网络化的地下钱庄）。我的思

考很简单：你投资 P2P，拿了人家 12%~15% 的利润，代表 P2P 平台至少要能赚上 15%~20% 的利润，才能分红给你。这就代表 P2P 放贷（借钱出去）给客户，每年要跟客户收取 15%~20% 以上的利息。

　　"儿子，你知道一般上市的大型企业的税后平均净利是多少吗？"

　　儿子回："我猜有 30%！"

　　我回："整个产业界平均不到 10% 的税后净利啊！

"在爸爸公司里的财报资料库中有 1667 家上市柜公司，五年税后净利超过 10% 的只有 407 家！这代表向 P2P 借钱的企业，大多根本赚不到 20%，用常识就能知道他还不了钱；P2P 借钱给个人的部分，更不可能一年后还能如期还钱。结果，大陆 5000 多家 P2P 平台，最近共倒了 3500 家。

"还有很多很多的例子，所以大陆的同学都叫爸爸'黄金乌鸦

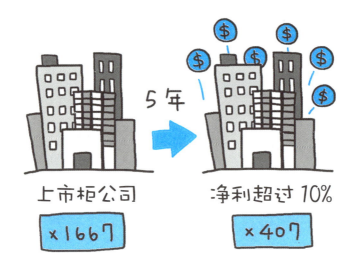

嘴'，因为我在课堂上提到的事情或案例，最后都一一出事了。这其实不是爸爸厉害啊，而是生活常识厉害，生活常识培养了爸爸的独立思考能力。"

我问儿子："就像你也会潜水，如果有人说：'Willie，你和你爸爸太逊了啊，还要带二级头、BCD 与气瓶，才能潜水。我不用带任何东西，也能在水下 20 米潜水 40 分钟才上来。'你觉得最后他是潜上来

还是浮上来？"

儿子回："应该是不会动，然后浮上来吧……呵呵呵。"

我回："对啊。所以你一定要建立自己的独立思考能力，然后练习做困难的决定。"

2008 年 9 月 15 号，美国的雷曼兄弟公司破产。破产时，他们公司共有 120 个哈佛毕业的高材生在那里上班。这些高材生与其他华尔

街的天才创造出假商品——结构债／连动债，然后将很烂的东西请信用评等公司打成 AAA 或 Aaa 世界最好的信用等级，一共发行了 25 万种 AAA 等级的假金融产品。

要知道 Apple 这么强的公司，都很难拿到 AAA 或 Aaa 这么高的信用等级哟，最后总共让世界损失了 11 兆美元。美国人一年不吃不喝创造出来的经济产值只有 16 兆美元，台湾大约一年产值是 15.5 兆

新台币[1]；台湾自 2001 年至今，约有 211 家上市柜公司恶意掏空或经营不善破产，也才烧掉 2.1 兆新台币。

独立思考！独立思考很重要。

1　15.5 兆新台币，约合 3433.25 亿人民币。

一辈子要带着小朋友做一次网拍

◇ 真心祝福别人的成功

◇ 世界是彩色的更是灰色的

◇ 千万不要仇富

因为我常年出差在外，没时间陪着小朋友长大，每次出差回到台北，为了减少自己的愧疚感，常常大包小包买了很多境外最流行的玩具给小朋友。这些高价玩具常常过了两三年之后，才在台湾的各大百货公司出现。

一开始我觉得自己很棒，有能力让小朋友拥有最新的玩具，然后又带着小朋友住不错的饭店，久而久之，这样的高物质生活让小朋友

有了错误的金钱观。我们后来发现，儿子看到数百万的名车会不经意地说："这台车好棒啊，还好只有几百万，等我长大后我也要买一台。"女儿看到高价的玩具，也会觉得才几千元而已，为什么爸爸妈妈不买玩具给她，然后一直哭闹着想买。

我和老婆讨论这件事之后，我们决定改变家庭度假方式：由花大钱的 hotel（酒店）旅游，改成自然风的省钱露营大作战，这一露就

是十多年，总共露营近五十次。这些历练让小朋友从小就学会自己对自己负责，自己打理自己的行李！如果没有打包行李，我们就让小朋友一套衣服到底，过程中都不会帮他们买额外的衣服。如果忘了打包自己想要的东西或玩具，到露营地的现场，我们就让小朋友运动，玩石头或沙子，兄妹俩无论哭得多大声，我们都会努力忍住，不轻易妥协⋯⋯

这些年回想起来，还好我们大人及时改变了小朋友的物质生活，也间接让儿子和他妹妹的金钱观慢慢回到正轨。

前些日子儿子为了买一件西装，我们就近带他到一家欧洲品牌店看了一下，看到标价后（都是 3 万、4 万、5 万这种高昂的价格），儿子拉着我的手说："爸爸，这家衣服太贵了，应该是给成功人士穿的。我只是高中生，钱省下来做别的事好了。请您带我去 Uniqlo 或是

Zara。"

最后儿子在 Uniqlo 花了 2000 多元，买下人生中第一件休闲西装外套。

身为爸妈的我们看着他成熟的金钱观，内心满满的感动。

之后我们又发现兄妹俩天天傻乎乎的，觉得赚钱很容易。刚好以前看到 TT 面膜的老板带着自己儿女做网拍的故事，我也如法炮制，

带着儿子做了他人生中的第一次网拍：将家中多的一辆自行车拿去网拍。

接到这个新任务，儿子很快地把自行车从储藏室推出来，好好做了一番整理和保养，接着开始思考哪些配件是这辆自行车的原始配件，在拍卖过程中我们又可以额外赠送哪些配件。

另外，我们也在意一个一般人可能不会注意的小事，就是需不需

要缴税。依据我们在网络上查询到的资料，把家里多余的东西做网拍并不需要缴税，但是我们还是跟儿子说，有机会一定要打电话到税务局去"验证"一下网络上的说法，毕竟主管机关是税务局，他们说的才算。这样做，是要让小朋友习惯**所有的交易都应该尽量合法，以免日后有法律上的困扰**。

接着，儿子开始拍摄自行车的一系列照片。我们提醒儿子，拍摄

产品照片的目的就是要清楚明确，才能吸引客户。这部分，儿子做得很好！

然后儿子开始写产品文案。一开始他交出来的产品简介，只是将产品规格与心中的卖价一口气全列出来。我们跟他说，可以参考其他人的写法（快速聪明复制），重新将初稿分段架构、条列清楚，让潜在买家可以一眼就看清楚……

接下来要选择网拍渠道。儿子选择把卖车信息放到网络上二手车的社群，在发状态到社群的第二天，有人表明兴趣。在打电话给有兴趣的买家沟通之前，我们请儿子列出可能需要询问的问题，然后由我们大人代替他打了这个电话，确认对方的需求与想法是否一致后，就约定看车的时间与地点。

挂完电话后，我们还请儿子发简讯至对方的手机作为确认信，写

明约定的看车时间、地点、联络方式，以确定双方没有遗漏任何信息。老婆也耳提面命地提醒儿子，与有兴趣的买家约碰面时，要约在公开场所、有人陪同，千万不要只身赴会。

碰面当天，儿子先让买家看车，确认自行车车况与相关配件，再让买家试骑一小段路，之后就进入交易的谈判。本来想尊重一下儿子的想法，问问他想卖什么价格，没想到儿子直接在买家面前把我们心

里的卖价底线说出来了，哈哈哈……

谈判一开始就没退路，有被自己的儿子将军的感觉，只能且战且走，以成交卖出为终极目标。

交易完成后，我们与儿子简单地做一个检讨会议（这个是向台中老王学习的 AAR —— After Action Review），讨论下次如何能把网拍做得更好：

1.虽然我们这辆自行车车架的永久保修信息已经在总公司登记，为了让买家能更安心地购买，下次若再有卖车的机会，我们应该帮买家多想一步，把总公司车架保修信息的资料印出来直接交给买家，可以积累以后交易所需的信任度。（交易之后儿子补给了买家。）

2.在做买卖交易的谈判时，卖价应该预留可以杀价的空间，不要把自己的筹码与底线一下子就全部倒出来给对方看。

这整个网拍过程，儿子主导进行，我们大人仅在旁边做指点。

后来，我们问了儿子："你觉得网拍容易吗？"

他说还不错。

哇咧，看样子他还没有体会到"赚钱不容易"这件事。

于是我们又"怂恿"儿子做了第二次网拍，把儿子手边旧的轮组拆下来，好好整理干净之后上网拍卖。经过一番努力，终于出现了一

不要把筹码和底线都立刻
倒出来给对方看

位买家，这次由我亲自出马陪同（保护小朋友的安全），儿子开心地带着他用心包装好的旧轮组出门准备交易。

没想到，对方要的是一辆自行车，而不是单车"轮组"。

我们跟儿子一起检讨可能的原因，应该是儿子当初上传的产品照片不够清楚（有一整辆车在照片正中央），即使在产品名称与说明上说要卖的是轮组，但是对于不太懂单车的人来说，看到车子的图片就

会以为1500元可以买到整辆车……哈哈哈……

又经过几个星期的努力，轮组还是没卖出去，儿子的心情不太好，有点想放弃。

我问儿子："网拍容不容易？"

儿子回："真的不容易啊，不是你想卖什么就能卖出什么。没想到当业务做销售这么不容易。"

轮组

我回："对啊。做生意赚钱超级难啊，而且你只是将家中没用的东西卖出去而已，没有库存压力。真正做生意时，老板都是先做了几千、几万个产品放在仓库，再一个个卖出去。如果没有卖出去，就会被库存吃掉所有现金，然后可能发不出薪水给员工；几个月后，货如果还是卖不出去，最后可能就 GG[1] 了。"

儿子回："啊！原来做生意要放这么多存货啊。能不能接到订单再生产呢？"

我说："可以啊，只要你是知名大品牌，例如 iPhone，人家会愿意等！如果你我都是 Nobody，我们卖的是 MJPhone，人家好不容易尝鲜冲动想买时，手上没货，客户就不会等你了啊，你会失去可能的销

售机会。所以一般老板做生意时，都要先拿自己的现金换成存货，才能开始做生意。"

我接着说："儿子啊，爸爸让你去网拍，就是希望你了解商业世界

1　GG，是网络用语，取"尴尬"一词的首字母来表达十分难堪的意思。

中有很多不可控的因素，你必须在这些不可控而且又是动态多变的环境中打出一片天，真的是非常不容易。"

"所以我希望你以后能**真心祝福别人的成功**！

"不能像一般人，看到别人做生意成功，就说他一定是官商勾结，要不然是家里有钱，或是通过关系……这么简单地黑白分明看世界，人生就 GG 了啊。

"世界是彩色的，更是灰色的，很少会出现书本上非黑即白的二元世界。"

前一阵子，爸爸和一个在美国得州的学生通电话聊天。她说之前在台湾，一直觉得台湾不怎么样，后来去境外几年后，她跟爸爸的想法一样（爸爸飞了 30 多个国家，在境外做了 10 多年生意）：台湾真的是宝岛啊！

所以爸爸希望你跟妹妹要学会：真心欣赏别人成功的大气度，再从他们成功的过程中找出之前没有看到的机会，然后你就会发现……

台湾真的是宝岛啊，处处充满机会与人情味。

千万不能仇富！

就像新加坡的总理年薪高达 200 万新币，约合台币 4000 多万元，一般部长也是几千万台币的薪水。

我们一定要欣赏别人的成功，不能又说"这真是肥猫啊，根本就是贪官"。

别忘了，外商顶级 CEO 的年薪大多是数千万美元上下。千万不能仇富，人家领这么高的薪水一定有他的道理，他创造出来的价值一定超过年薪数十倍到数百倍以上，不然隔年就会被公司开除。

所以，儿子啊，千万不能仇富，一旦你仇视富人，你就永远无法成为富人，因为你的内心不会让你成为一个你讨厌的人（富人）！

还记得你的人生价值观就是一个大磁铁吗？

请用祝福的心，真心恭贺别人的成功！

久而久之，你生命的发展可能就会不一样了。

结语 | 给儿子参加世界杯的 视野高度与能力

　　2019 年第一个工作日意外地把这本书写完了，当晚兴高采烈地去接放学的儿子，跟他分享这个好消息，然后来一个男人间的 High Five（击掌相庆）！

　　结果儿子傻笑着回应："哦。"

　　因为平常我都是儿子的潜水伙伴、单车抽筋猪队友，或是铁人三项赛中的战友，打打闹闹惯了，在儿女的眼中我是一个爱搞笑的中年大叔，加上我在家中很少谈及自己的工作状况，所以儿子的傻笑回应很正常。

　　我想……也许今晚应该是我秀一下肌肉给儿子看的时候。

　　我问："儿子，你知道爸爸靠什么养家糊口的吗？"

　　儿子回："知道啊，就教大人一些财报知识啊。"

　　我回："嗯，但不只这些样，还有指导大型上市公司的策略能力哟。"

　　我接着问："你这么喜欢打电动，你知道全世界最厉害的电竞 notebook（笔记本电脑）是哪家公司做的吗？"

　　儿子回："当然知道，就是台湾的微星科技（MSI）啊，世界的各项电竞赛都看得到他们家的 LOGO。"

　　我回："2009 年，他们公司总裁办公室的一位主管来上过我的课。

课后他问爸爸，如果我是他们公司的总裁，我会把微星科技带去哪个方向？我随手在教室的白板旁聊了一下他们公司目前的产业状况与竞争现况，又问了几个问题，然后在白板上写上一个单词：Gaming！

"结果我把他吓到了，因为他们公司好像正在转型，要去的方向刚好是往 Gaming 走，这属于商业机密，我一个外人居然随随便便就猜中了！

"也因为这段不经意的对话，接着那位主管把我引荐到公司最高层，然后爸爸和 Tracy 阿姨一起合作，是他们公司继麦肯锡与 IBM 辅导之后，唯一一家台湾本土顾问公司连续两年主持该公司的全球高阶主管策略会议哟。"

我把眼神转到儿子脸上，期待儿子出现"WoW"的崇拜眼神。

结果，儿子只随性地回应："哦，原来还有这个故事啊，我以为他们一直都是在做 Gaming。"

不死心的中年大叔决定要让小朋友另眼相待，我接着说："有一家大联大集团，一年营收 5000 多亿新台币，是全球最大的电子元件通路商。你喜欢的任何一种电子产品，应该都是他们家的客户哟，因为他们是全球第一。"

爸爸在 2018 年夏天的某次课程中，集团中的一位高手 CEO Frank 阿北开口向爸爸提问："老师不用举其他公司的案例了，能不能请你直接用大联大公司的财报来分析，告诉我如果你是我，会做些什么事？"

于是爸爸打开手写电脑，看完他们公司财报后，花了约三分钟时间思考，然后在电脑白板上写下了：先做 A、B、C，如果有时间再做甲、乙、丙。

爸爸讲完后，那位 Frank 阿北立马站起来，拿了麦克风走到台前，问爸爸另一个问题："请问老师曾和集团其他高阶主管深聊过吗？"

我回："没有。"

Frank 阿北接着说："真的吗？因为你现在在白板写下的所有布局，就是我们集团现在正在做的布局。"

讲完故事之后，我立马看着儿子："你看！"

然后期待他的回应。

儿子只回了一声："哦。"

他静静看着我的眼神（中年大叔失望的眼神）两秒后，又补上一句话："感觉爸爸有点厉害啊。"

我大笑不语。结论：在小朋友的眼中，我们真的是中年大叔啊。哈哈哈……

在开车回家的路上，我转过头对儿子说："儿子啊，爸爸一定不是全世界最厉害的人，但我的商业思维是经过很多家营收数千亿上市公司高阶主管 PK 与淬炼过的精华，加上自己多次的创业经验，所以啊……

"你能学多少就学多少，至少让你有参加世界杯的视野高度与能力，一起加油！"

儿子终于热情地对着中年大叔说："我知道了！谢谢爸爸的用心良苦，我感受到了。"

儿子的话 | 站在老爸的肩膀上看世界

林承勋

教育，我认为不应只关注和执着于学科，毕竟进入社会后的能力不只在于学术理论，还在于如何应用所学、做人处事与一些"职场"与"商业"的思维。

学校目前没有为我们安排诸如此类的实务课程，但是我很幸运，我老爸将他"在江湖行走"所学到的经验，在生活中一点一滴地传授给我，让我有机会可以站在巨人的肩膀上一探世界的究竟。

打从幼儿园开始，老爸和老妈就要我多多观察身边的人事物，然后大家可以一起讨论交流想法——从早餐店没有客人的原因，到新闻报道大企业倒闭、破产的分析，皆是我们日常讨论的话题内容。

而老爸带给我的财务观，我觉得更重要。小时候的我还不懂事，抓不准金钱的价值，总是把百万级的商品，讲得跟购买日常杂货一样简单。例如明明是昂贵的双 B 名车，我却会说"只要 200 万而已"。

老爸发现这个现象之后，便以当时刚进入社会的薪水与物价水准分析给我听，让我知道要存到第一桶金 100 万有多么困难。

小学六年级时，老爸老妈给我做了一个有趣的小实验，那就是"未来想过的生活学习单"。

第一次尝试的时候，我直觉地选了一直向往的工程师工作来填写。查了征才启事，我将薪水收入粗估为 35000 元，再依据自己想要的物质生活水准，估算房贷、车贷、水电、燃气、电话费、网费、三餐伙食费、油费和治装费等生活费用。

结果我发现，我的生活费用竟高达 80200 元；我那微薄的工程师薪水，别说存钱了，连生活费用都付不起……

还记得当时对我的心理冲击很大，隔天我自己要求再操作一次。当时还是小学生的我，不知道要如何开源，只好努力在生活开支上做节流的动作。我先把购买 30 坪 [1] 的房子改成承租小套房，再把百万新车改成约 15 万的二手本地车，三餐伙食则是能吃饱就好、不要太奢华，同时降低非必要的置装费与旅游费开支，才勉勉强强可以月存约 1500 元。

这时我才深刻知道，钱是如此难存及难赚，终于体会到老爸老妈工作赚钱的辛苦……

念初中时，因为媒体的报道，创业也开始盛行，卖鸡排、卖珍珠奶茶的店面满街都是，因此也激起我想创业的冲动。但是在跟父母分享这个创业的想法后，我几乎完全打消了这个天真的念头。

他们诱导我思考，并进一步跟我分析，一个店面需要支付的直接、间接成本有哪些？基本的店面装潢和租金、员工薪水（如果自己做的话或许可以省一点）、食材成本、水电燃气、生财机器……；除此之外，还要考虑同行间都会低价竞争。而且许多很好的开店地址租金昂贵，几乎都已经被其他业者捷足先登，因此如果我的产品没有能吸引客户的独家卖点，店又不是开在很好的地点，很快就会被市场

1　坪，台湾地区面积单位，1 坪合 3.3057 平方米。

淘汰。

举某"食物工厂"为例，当时一时爆红，许多客户因为新鲜感，花很多时间排队、爆买、抢食。许多投资客见到有利可图，前赴后继地加盟当老板卖蛋挞，在短短的三个月内确实赚到了大把银子，但在风潮过后，出现了大量倒闭的案例。前一阵子流行的夹娃娃机，也是落得如此下场。

因此创业的项目，不应只选择时下潮流或低门槛的项目，毕竟群众是盲目的，狂热流行只会有一时的风光。

老爸引导我的这些商业思维课程（当然，从小到大绝对不止 18 堂而已），无疑是帮助我未来更能融入职场的一大助力。或许这些能力未必能让我一进入社会后就马上赚大钱，却能帮助我快速适应、分析解决问题、在逆境中寻找其他方案。这些能力在学校里几乎是学不到的，即便进入社会之后，我可能也需要花好几年工夫磨炼，才能领悟这些道理。

我真的很感谢老爸老妈，以很有远见的方式持续教导我，让我有机会可以成为更好的人。

父子一路上
的
点点滴滴

227

MAY 17 2008

禪基科技 樂活單車日

229

图书在版编目（CIP）数据

一定要告诉孩子的18堂商业思维课 / 林明樟, 林承勋著. -- 北京：北京联合出版公司, 2019.9

ISBN 978-7-5596-3613-3

Ⅰ.①一… Ⅱ.①林… ②林… Ⅲ.①家庭教育－青少年读物②商业经营－青少年读物 Ⅳ.① G78-49 ② F715-49

中国版本图书馆 CIP 数据核字 (2019) 第 199160 号

著作权合同登记 图字：01-2019-5358 号

一定要告诉孩子的18堂商业思维课

项目策划	紫图图书 ZITO®
监　　制	黄利　万夏
著　　者	林明樟　林承勋
责任编辑	昝亚会　夏应鹏
特约编辑	张耀强
营销支持	曹莉丽
版权支持	王福娇
装帧设计	紫图装帧
封面插画	任晓君 @ 香沫咖啡奶茶

北京联合出版公司出版

（北京市西城区德外大街83号楼9层　100088）

艺堂印刷（天津）有限公司印刷　新华书店经销

120千字　880毫米×1230毫米　1/16　16.5印张

2019年9月第1版　2019年9月第1次印刷

ISBN 978-7-5596-3613-3

定价：59.90元